甄永苏传

——研修之路，成在坚持

王　勇　刘　欢　编　著

编　委（按姓氏笔画为序）：

于　滨　王　勇　刘　欢　孙　波　汤国星
李卓荣　李　晨　李瑞明　张胜华　陈淑珍
邵荣光　郝雪秦　胡丽蕾　秦爱君　贾淑英

中国协和医科大学出版社

图书在版编目（CIP）数据

甄永苏传：研修之路，成在坚持 / 王勇，刘欢编著．—北京：中国协和医科大学出版社，2018．10

ISBN 978-7-5679-1181-9

Ⅰ．①甄…　Ⅱ．①王…　②刘…　Ⅲ．①甄永苏-传记　Ⅳ．①K826．2

中国版本图书馆 CIP 数据核字（2018）第 215897 号

甄永苏传——研修之路，成在坚持

编　　著：王　勇　刘　欢
责任编辑：孙阳鹏　于　曦

出版发行：**中国协和医科大学出版社**
（北京东单三条九号　邮编 100730　电话 65260431）
网　　址：www．pumcp．com
经　　销：新华书店总店北京发行所
印　　刷：北京朝阳印刷厂有限责任公司

开　　本：710×1000　　1/16 开
印　　张：13
字　　数：110 千字
版　　次：2018 年 10 月第 1 版
印　　次：2018 年 10 月第 1 次印刷
定　　价：58．00 元

ISBN 978-7-5679-1181-9

甄永苏（2018）

甄永苏的父亲甄兆仁和母亲余瑞英

1935 年甄永苏（前排右 1）与兄姐们合影

1955 年结婚照片（夫人陈妙兰是医学院同班同学，在当时中央卫生研究院是同事，均从事肿瘤研究）

1963 年 10 月 1 日在广东开平与父母及家中各人合影

1964 年摄于北京颐和园

1978 年家庭合影

2005 年金婚纪念摄于北京

钻石婚纪念（2015）

2009 年 12 月应广东省江门市政府邀请回家乡访问

2004 年在广东江门市院士路与家乡亲人合影

1989年6月与儿子维平和维宁摄于美国印第安纳大学医学院校园

1999年摄于云南石林

1996 年 4 月摄于纽约

2005 年 8 月摄于新疆吐鲁番火焰山

到北京工作整 50 年，在天安门广场合影留念（2004）

2007 年 6 月在广西药用植物园种植金花茶树

2010 年 4 月参观河南南阳张仲景医圣祠

2011 年 7 月家庭合照

1987 年参加中国医学科学院与中国协和医科大学院校庆学术活动与陈妙兰教授（时任副院校长）合影

甄永苏陈妙兰出席中国医学科学院建院 60 周年纪念大会（2016）

出席北京协和医学院建校 100 周年纪念大会（2017）

1946 年 1 月与风采中学初二下学期同班的部分同学合影（后排左 2，甄永苏）

1953 年 8 月 2 日华南医学院毕业合影，甄永苏（3 排右 3）陈妙兰（2 排左 8）

1954 年中山大学医学院 病理高级师资班同学与老师合影-甄永苏（后排左 5）陈妙兰（前排左 2）

1954 年中山大学医学院毕业时照片

1998 年同届校友相聚母校（后排右 1，甄永苏；2 排左2，陈妙兰）

1999年11月出席母校梁伯强教授诞辰100周年纪念会与梁教授夫人合影（左1，钟世镇院士；左2，姚开泰院士；右2，程天民院士）

出席中山大学医科建校150周年纪念座谈会（前排右5，陈妙兰，右6，甄永苏，2016）

1958年11月2日出席抗肿瘤抗生素国际学术会议摄于莫斯科红场

1979年摄于美国巴尔的摩约翰·霍普金斯大学医学院医院

1981 年在美国约翰·霍普金斯大学医学院药理与实验治疗系的实验室

1981 年 12 月 18 日甄永苏（时为美国印第安纳大学医学院客座教授）与美国著名肿瘤生物化学家 Weber 教授合影

1982 年在美国印第安纳大学医学院实验肿瘤研究室

1996 年出席在华盛顿举办的美国癌症研究学会年会
（左起，曹寿松，江敏，陈妙兰，甄永苏，邵荣光）

1997 年出席在奥地利举行的国际嘌呤与嘧啶代谢学术会议摄于奥地利萨尔茨堡

2000 年 4 月出席在旧金山举行的美国癌症研究学会年会

1962年抗菌素研究所肿瘤研究室人员合影（后排左1，甄永苏）

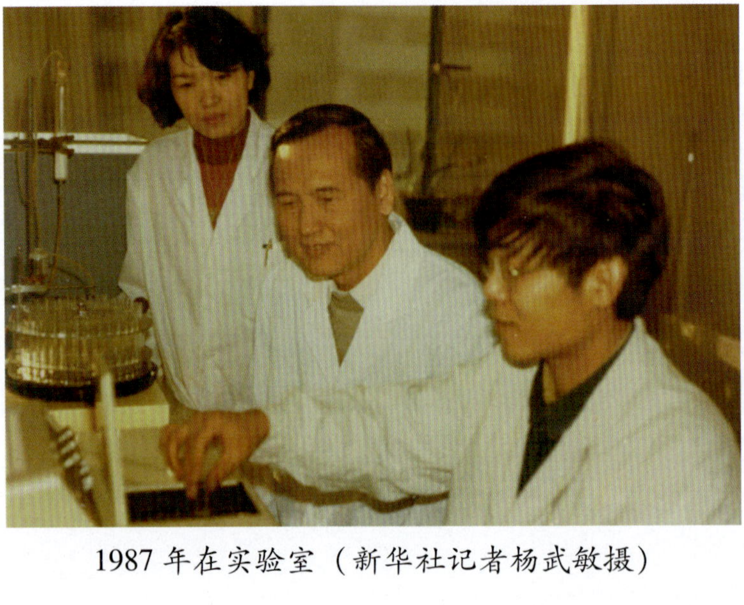

1987年在实验室（新华社记者杨武敏摄）

1989 年研究室同事聚会

与实验室同事和研究生合影（2000）

2004年10月从事科研工作50周年的学术研讨会上与到会专家合影

2007年力达霉素临床试验座谈会与出席专家合影（右起：管忠震教授、韩锐教授、胥彬教授、孙燕院士；左1，王金万教授）

2009 年在医药生物技术研究所建所 50 周年庆祝会上讲话

在本研究所前院与邵荣光所长（右 2）及同事教授合影（左 1，陈淑珍；左 2，江敏；右 1，李亮）（2018）

1999年中国工程院组织院士专家到山东新华制药厂进行咨询活动（前排右4，甄永苏）

2001年中国工程院宋健院长宴请外籍院士美国罗依兹曼教授（左2，甄永苏）

2001 年参加两院院士到浙江金华的咨询活动（前排右 6，甄永苏）

2004 年在广东江门市与汤钊猷院士合影

2006 年中国工程院医药卫生学部常委会议在青岛召开（左 6，甄永苏）

2009 年 10 月 1 日参加 60 周年国庆观礼出发前和部分工程院院士合影（左 4，甄永苏）

2009年9月出席中国工程院肿瘤防控高层论坛与专家合影（右6，甄永苏）

2010年甄永苏在中国工程院出席会议

2010年12月中国工程院医药卫生学部院士访问香港中文大学与沈祖尧校长合影（左3，甄永苏）

2012年3月参加中国工程院广西医药卫生咨询活动的院士在广西药用植物园合影（左7，甄永苏）

1998 年出席在大连举行中国医药生物技术协会理事会（前排右 4，甄永苏）

2004 出席在广州举办的第三届中国肿瘤学术大会与姚开泰院士合影

2006年12月在深圳主持第一届抗体靶向药物研讨会

2007年8月访问新疆医科大学（左5，甄永苏）

2008年1月出席中国抗癌协会理事会与我国著名肿瘤专家合影-吴孟超（右1）邱蔚六（左1）李树铃（左2）

2008年12月在深圳主持第二届靶向药物研讨会与参会院士专家合影（前排右3，甄永苏）

2013 年 10 月在第十二届全国抗生素学术会议（成都）上做题为《抗肿瘤抗生素与相关抗体药物研究进展》报告

1998 年 11 月获首届柯麟医学奖（右 2，甄永苏）

1999 年 10 月 1 日参加新中国成立 50 周年国庆观礼

2001 年 10 月获何梁何利科学与技术进步奖与顾方舟教授合影

2009 年 10 月 1 日参加新中国成立 60 周年国庆观礼

2012 年 1 月出席在人民大会堂举行的院士专家新春联谊会与本研究所同事教授合影（左起，司书毅，蒋建东，甄永苏，李电东，邵荣光）

参加庆祝中国医学科学院建院 60 周年活动与本研究所同事合影（2016）

序　言

甄永苏院士是我国著名的微生物药学家、生物技术药学家和肿瘤药理学家，中国医学科学院北京协和医学院医药生物技术研究所研究员、肿瘤研究室主任、教授、博士生导师。历任中国医学科学院中国协和医科大学学术委员会委员，卫生部生物技术专家咨询委员会副主任委员，卫生部生物技术领导小组成员，国家新药研究与开发专家委员会委员；国家药典委员会委员，中华医学会理事，中国生物工程学会理事，中国抗癌协会抗癌药物专业委员会主任委员，中国药理学会肿瘤药理专业委员会主任委员，中国医药生物技术协会单克隆抗体（抗体工程）专业委员会主任委员。曾任第七届、第八届北京市政协委员，北京市崇文区科协第五届委员会主席。兼任《中国医学科学院学报》、《中国医学科学杂志（英文）》副主编，《临床肿瘤与癌症研究（英文）》副主编，《中国药学杂志》副主编，《中国抗生素杂志》编委会主任委员，《中华医学百科全书》药学总主编，等等。先后受聘为中山医科大学、福建医科大学、新疆医科大学、哈尔滨医科大学、暨南大学名誉教授，山东省药学科学院专家委员会主任委员。

甄院士是广东开平市人，1954 年毕业于中山大学医学院，是新中国培养的首批大学生。作为访问学者，曾在美国霍普金斯大学医学院从事免疫药理研究；作为客座教授，曾在美国印第安纳大学医学院从事肿瘤生化药理研究。1986 年获国家中青年有突出贡献专家称号。1991 年起享受国务院政府特殊津贴。1997 年当选中国工程院院士，同年被授予北京市优秀教师称号。1988 年、1993 年两次被评为中国医学科学院中国协和医科大学“教书育人、服务育人”先进个人。2001 年获“何梁何利基金科学与技术进步奖”。2008 年被授予“北京协和医学院教学名师”荣誉称号。

甄院士是我国最早从事抗肿瘤抗生素研究工作的奠基人之一。他长期坚守在科学研究第一线，曾先后开展实验动物肿瘤生物学特征与影响因素研究，新筛选模型方法的建立和应用。60 多年来，他创建和应用小鼠精原细胞法为主体的多种筛选模型并用于抗肿瘤抗生素的筛选，主持筛选了大量的微生物菌种样品；并主持多种抗肿瘤抗生素的研究开发。普卡霉素（光辉霉素）的研究获中国医学科学院科技进步奖。博来霉素（争光霉素）的研究获全国科学大会成果奖。平阳霉素是国内外首次开发，优于博来霉素的新品种，被收录于国家药典，并被列为国家基本药物，该项研究获国家发明二等奖。博安霉素获一类新药证书和生产批文；力达霉素的研究已进入临床阶段，由于结构新颖、活性强、作用机制独特，受到各国学者关注，有关研究获国家教委科技进步二等奖。

甄院士等在国内率先开展抗肿瘤单抗导向药物研究。建立杂交瘤细胞株，研制了抗各种肿瘤单抗。曾被第 28 届日本癌症治疗学会主席邀请赴东京出席会议并在会议上报告。多年来他致力于抗体靶向药物高效化与小型化研究，确立了 DNA 重组和分子重建的两步技术路线，制备了一系列针对不同分子靶点的抗体片段与力达霉素构成的抗体融合蛋白。基本形成一个制备高效化与小型化抗体药物的新技术平台。在抗肿瘤抗体靶向药物的分子小型化、高效化研究方面达到新水平。2004 年，他曾应邀出席在日本筑波举行的“亚洲生物材料与纳米生物技术国际学术会议”并在会上作关于小型化抗体偶联物和抗体融合蛋白的构建及抗肿瘤作用的报告；2005 年，在以“癌症的靶向治疗”为中心议题的香山科学会议上作关于抗体靶向药物的主题报告；2008 年在第 13 届国际生物技术会议上报告了“治疗肿瘤的抗体化学偶联物和基因工程融合蛋白”。

甄院士创造性地提出以“核苷转运”作为肿瘤化疗靶点，利用核苷转运抑制剂增强抗癌药物疗效的新策略。他首次证明核苷转运抑制剂双嘧达莫（潘生丁）可增强抗代谢药的抗肿瘤作用，并提出抗代谢药与核苷转运抑制剂联合作用的重要性。他在 1982 年，美国西雅图举行的第十三届国际癌症学术会议上首次报告此研究结果并在美国 *Cancer Research* 发表论文。该论文曾被美、日、欧等各国学者广泛引用，并在此基础上设计新的联合用药方案。他提出以“核苷转运”为靶点研究新型抗肿瘤药物，建立了检测方法，筛选了大量天然来源的样品，为研制用于治疗肿瘤的“生化调节药物”开辟了新途径。此项研究获国家教委科技进步一等奖。

60 多年来，甄院士在国内外学术刊物发表论文 300 余篇。主编《抗体工程药物》、《抗肿瘤药物研究与开发》、《茶的生物活性与治疗潜能》（英文版）等专著。他培养的研究生，已获博士学位 67 人，获硕士学位 17 人。学生遍及海内外，不少人成为教授、学术带头人和骨干力量。

甄院士学识渊博、学风严谨、坚持创新、勤勉敬业、团结同事、默默奉献。几十年来，为国家新药科技创新和人才培养事业做出了突出贡献。

甄院士是我们大家学习的榜样。正是有了像甄院士这样的几代科学家的艰苦努力和无私奉献，才换来今天人民健康和幸福生活的基本保证，前辈们的许多光辉事迹永远是激励我们攻坚克难、奋力前进的精神财富和力量源泉。

中国工程院院士

中国工程院副院长

中国医学科学院北京协和医学院院校长

2018 年 7 月

前 言

甄永苏院士是中国著名微生物药学家、生物技术药学家和肿瘤药理学家，也是我国抗肿瘤抗生素研究工作的奠基人之一。他长期从事抗肿瘤抗生素、抗体靶向药物等抗肿瘤药物的研究与开发，创建和应用了抗组织谱法、精原细胞法等多种药物筛选方法，主持筛选了10万多个微生物菌种样品，披沙拣金，历尽辛苦先后找到抗肿瘤抗生素30余种，其中普卡霉素（光辉霉素）、博来霉素（争光霉素）、平阳霉素、博安霉素、力达霉素、云南霉素等6种获得了研究开发。自1979年以来，平阳霉素已经成为中国临床常用抗癌药物，1990年被收录于《中华人民共和国药典》，1994年入选国家基本药物。博安霉素被批准为国家一类新药，是我国具有自主知识产权的抗癌新药。

几十年来，甄永苏院士一直走在国内外抗肿瘤药物研究的学术前沿。他开展抗肿瘤单克隆抗体导向药物研究，建立杂交瘤细胞株，研制了各种抗肿瘤单克隆抗体。他从事的抗体靶向药物的高效化和小型化研究达到国际先进水平，他创造性地提出以核苷转运作为肿瘤化疗靶点，利用核苷转运抑制剂增强抗癌药物疗效的新策略，建立了检测方法，筛选了大量天然来源的样品，为研制用于治疗肿瘤的生化调节剂开辟了新途径。他首次证明核苷转运抑制药双嘧达莫（潘生丁）可增强代谢药的抗肿瘤作用，并提出抗代谢药与核苷转运抑制剂联合作用的重要性。他先后在国内外重点学术刊物发表论文300多篇，获发明专利授权20多项。

他还承担了诸多教学、科研和学术组织工作，是中国医学科学院/北京协和医学院医药生物技术研究所研究员，肿瘤研究室主任、教授、博士生导师。历任中国医学科学院/中国协和医科大学学术委员会委员；原卫生部生物技术专家咨询委员会副主任委员；原卫生部生物技术领导小组成员；国家新药研究与开发专家委员会委员；国家药典委员会委员；中华医学会理事；中国生物工程学会理事；中国抗癌协会抗癌药物专业委员会主任委员；中国药理学会肿瘤药理专业委员会主任委员；中国医药生物技术协会单克隆抗体（抗体工程）专业委员会主任委员；《中国医学科学院学报》、《中国医学科学杂志（英文）》、《临床肿瘤与癌症研究（英文）》副主编；《中国抗生素杂志》编委会主任委员；《中国药学杂志》副主编；《药学学报》编委等。他还受聘担任中山医科大学、哈尔滨医科大学、福建医科大学、新疆医科大学、暨南大学名誉教授。

岁逾甲子，成在坚持。勤奋、博学、创新，是甄永苏院士对自己学生的勉励，也是他科研人生的真实写照。他作为新中国培养的第一代医学科学家，把自己生平全部精力都无私地投入到我国抗肿瘤药物研究工作中，60余年来，他始终坚持奋斗在科学研究第一线，即使在“文革”时期，依然没有停止自己的研究，并且取得了普卡霉素（光辉霉素）、博来霉素（争光霉素）研制成功等突破性进展。当然甄永苏所取得的成果，都是与同事们协调一致、和衷共济一起辛勤耕耘的收获，同时也得到了中国医学科学院诸多科研大家的无私指导与帮助。

回顾甄永苏院士的科研历程，他无论是处在顺境还是逆境，面对困苦还是荣耀，他始终坚守自己的使命，为解除癌症给人民生命健康带来的苦痛而不懈努力，用自己的忠于使命、竭诚奉献的纯净人生书写了我国抗癌药物研究历史的光辉篇章！

目　录

第一章 生逢乱世，艰难求学

第一节 我们是珠江的儿女

1931 年 11 月 10 日，广东省台山县（现台山市）公益埠（镇）中兴街 9 号甄兆仁医生（1890—1983）家又添了一个男孩，取名永苏，为簕冲甄氏第 26 代子孙。甄家祖居广东著名侨乡——广东省开平县（现开平市）新昌埠簕冲乡龙凤里，是岭南甄氏一支。

同年，在广东佛山市，祖籍台山县的归国华侨陈南山、陈带玉夫妇家降生了这个家庭的长女，取名妙兰。陈家是南洋华侨，陈妙兰的祖父和外祖父都是巴布亚新几内亚的老侨民，父母也生长在那里。

甄永苏和陈妙兰，同龄，同乡，同饮一江水，他们共同生长的珠江三角洲自古就是名胜之地。自晚清以来，广东省日益成为重要的中西方经济、文化交汇之地，西方近代医学科学在广州及其附近地区最早传播和最先繁荣。鸦片战争后，随着国门的打开，以传教士医生为主导的西医在珠江三角洲迅速兴盛起来，他们建医院、办医校，印医书，在这片中国土地上播撒近代医学的科学知识与治疗技术。1835 年，美国传教士医生伯驾（Peter Parker）在广州建立眼科医院。他医德与技术兼优，送诊施药，很得当地民众信任，每天有上千中国患者前来就诊。1838 年 2 月，伯驾等传教士医生在广州建立了中国医学传教会，发表宣言称：要“鼓励在中国人当中行医，并将我们的科学、病例研究和科学发明等有用的知识，拿出一部分与他们分享”，以赢得中国人的信任和尊重[1]。1843 年，英国传教士医生合信（Benjamin Hobson）在香港建立了医院，招收中国学生入院学习西医，并将西方医药书籍翻译成中文作为培训教材，并向社会传播，开创了近代西方医学科学在中国传播的先河[2]。西方医学科学在珠江三角洲迅速落地生根，获得民心，开枝散叶。

甄永苏的出生地台山县（清朝时名为新宁县）位于广东省珠江三角洲西南部，南临大海，北靠潭江，地灵人杰，这里的近代经济、文化，在清末就已经很繁荣。宣统元年（1909 年），由华侨集资兴建的台山县城至公益埠的新宁铁路通车，县城里《新宁杂志》也创刊了，不久又设立了公立中学堂，还有旅美华侨从美国引进新式机器，创建了兴业织造公司[3]。

台山是全国著名侨乡，从清朝中期开始，200 多年来，台山人闯南洋，下澳洲，鸦片战争以后，清政府海禁废弛，“洋务大兴，壮者辄走外国，”移民谋生者益多，更远赴美洲打拼。据 1984 年台山市侨务部门统计，台山籍侨胞已达 75 万多人，分布于世界五大洲 75 个国家和地区，主要侨居美国和东南亚各国[4]。驰名世界的医学家伍连德祖籍就是台山县。

甄永苏出生之地台山公益埠，是个近代化色彩颇浓的镇子，地理位置优越，水陆交通发达，邻近广州，全镇有水运码头 6 个，水深 7~11 米，可停泊 5 千吨级的客货轮，

---

1 《中国医学通史 · 近代卷》，第 319 页。

2 谢惠民，丛骆骆. 中国药学史参考. 北京：人民卫生出版社，2014，198.

3 黄剑云：《台山百年事略》，广东省江门市地方志学会，1988 年印，第 5 页。

4 台山县地方志编纂委员会. 台山县志. 广东人民出版社，1998，2

来往船只可达珠江三角洲各地。近代以来，公益埠出去闯世界的人很多，甄永苏的舅父和姨夫都是旅美华侨。他们在海外吃尽辛苦，积攒钱财之后，往往不忘家乡，即使不能叶落归根，终老故里，也要支援亲族，回馈家乡。因此，经过归侨的多年建设改造，公益埠成了一个类似纽约曼哈顿的西式美丽小镇，格局为长方形，有纵横整齐的马路，配备良好的排水系统。镇子北面是潭江边的港口客运、货运区，镇子有一条商业中心街，店铺林立，国货洋货，琳琅满目。甄永苏小时候的公益埠不仅商业繁荣，当地人也非常重视教育，一个镇子居然有一所中学，两所小学。

在这座商业兴盛，风气开明的侨乡小镇，甄永苏度过了难忘的童年。他与哥哥姐姐还有玩伴们，一起在镇子里跑来跑去，看！家乡到处都是可爱的地方。江边停靠着三层可载几百名乘客的大客轮，镇子里是热闹的街市，气派的华侨楼宇，熟悉的乡音中还夹杂着异国的言语风情。甄永苏后来回忆道：

“在20世纪30年代，我家住在广东台山县公益埠，虽属于县城以下的镇，但因位处侨乡，铁路、公路和水路交通都相当发达。小时候我常到火车站附近看过往的火车和兴建中的铁路大桥。印象特别深刻的一次是看到乘火车到站的马戏团。首次见到大象、老虎、狮子等动物感到特别新奇，感到自然界是那样的精彩。那时有一位华侨从美国归来，送给我家一幅美国旧金山及其附近湾区的鸟瞰图。父亲把它贴在墙上，我看到图中新建成的金门大桥、鳞次栉比的高楼及海湾中星罗棋布的轮船，感到外面的世界是那样的不同。因此，我从小渴望对外界、对自然界有更多的了解，对新鲜事物有浓厚的兴趣[5]。”

在甄永苏童年记忆里的家乡，曾经充满了繁荣、新奇和温馨，直到日本人来了，把这些美好都破坏了。

第二节　父亲是儿女的人生导师

甄家是一个和谐幸福的大家庭，家境虽不富裕，但是甄永苏的父亲勤恳工作，母亲勤俭持家，生活比较稳定。甄兆仁先生是广东开平地区知名的牙科医生，早年离开家乡，学习西医，曾经信奉基督教，在广州一位开业牙医处习得医技后，回乡开业。甄医生虽然不是正式医科毕业，但一生行医60余年，工作负责，品德高尚，诚恳待人，在社会上很有信誉。甄兆仁热爱医业，常对家里人讲："行医是最好的职业，生活不用忧愁，不必求人。"

他在20岁时和同县余瑞英（1892—1975）结婚。妻子余瑞英是个朴实勤快的家庭妇女，夫妻俩互敬互爱，白头偕老。养育了8名儿女，其中有2子早亡，甄永苏是甄家最小的孩子。甄家长成3子进稳、进灼、永苏，3女爱兰、爱基、月爱。长子甄进稳继承父业，成为一名临床医生，曾经任广东省人民医院儿科主任医师和中华医学会广东分会副会长；次子甄进灼成为一名教师，后来在开平市教师进修学校任教。女儿中甄爱兰、甄爱基都成为小学教师；最小的女儿甄月爱嫁给了华侨陈佳雄。甄月爱在新中国成立前随丈夫出洋，从此定居美国。

甄兆仁行医的地点是在开平新昌埠，离公益埠不远，除了牙医业务外，还与别人合股兼营一家"中华西药房"，

5　甄永苏. 甄永苏院士集. 北京：人民军医出版社，2014，3-4.

售卖西医药品。他的医技甚佳，为人又忠厚勤恳，“明哲保身，不与人争”，所以收入不错，足以供养八口之家。作为一家之主，甄兆仁是个好父亲，十分重视子女教育，难得的思想开明，自己再怎么辛苦也要供养甄永苏兄弟姐妹6人上学读书，而不是像很多同乡那样早早送子女出洋打工赚钱，他知道华侨们在国外打拼的艰难辛苦。甄家子女都接受了高中以上教育，这在当时的乡镇是不多见的，后来都成了医生、科学家和教师。

甄兆仁医生经常教导孩子要奉行仁爱济世、真诚待人的人生准则。当然，他身上更多的是中国人的精神，特别是骨气。他告诉孩子们，做人要靠个人的努力，不是要靠什么家里面有多少财产，靠什么关系。他的医技好，在地方上有声望，是台山县医师公会的理事，但不去巴结权贵，也没想过抄近路走进金山里。做医生，凭本事吃饭养家。

第三节　日寇扫荡中的不舍求学路

甄兆仁医生一家本来过得很幸福，甄永苏的童年也很快乐，但是日本人来了。1937年9月30日，一架日本军用飞机气势汹汹地出现在台山县上空，恶狠狠地向地面上惊慌奔走的中国百姓倾泻了炮火之后，扬长而去。12月28日，两艘日本军舰载着日本兵杀进了台山县，台山沿海的上川岛沦陷。

日本兵杀人放火，中国军民焦土抗战。甄永苏发现镇子上的铁路被拆了，铁轨被运走了，据说运到广西后方去了；公路也不通了，没隔几十米就是一个五米多深的大坑，据说是为了防日本军车的。但是，日本人还是打过来了，在天上有飞机轰炸，地上他们顺着河，乘着汽船，杀过来了。

日本人的枪炮让中国人的生活成了不醒的噩梦，然而倔强的甄兆仁医生打定主意，孩子们还是要上学念书，甄家的孩子们也是这么想的。1938 年，甄永苏进了公益埠的公理小学读书，可这个书读不安稳，日本人的飞机经常来骚扰轰炸。一颗炸弹落到了邻居家，把房子完全炸毁，自己家的山墙也有一半歪了。甄家不得不全家逃难到台山县大江区来安墟。这虽是一个不足百户的小镇，但有一所来安小学，逃难者的孩子们接着读书。

1940 年，日本侵略者暂时放弃了公益埠，甄兆仁又带着全家返回镇子，送孩子们进了如柏小学读书，但是没过多久，1941 年，日本兵又打过来了，甄家又得逃难。不得已，甄兆仁全家返回了老家开平县新昌埠簕冲乡龙凤里，孩子们又进了大塘基小学读书。1943 年，甄永苏又转到新昌中心小学，6 年之中，五次转学，就在这烽火奔波之中他总算读完了小学。

1943 年，甄永苏进入台山县风采中学读初中。这书依然读得不安稳，1944 年日本兵又打过来了，甄家继续逃难，搬到邻近的恩平县（现恩平市），进入恩平县立中学读书。1945 年，日本兵打进了恩平县城，甄家又得逃难，躲到乡下，甄永苏停学了。逃难，学习，再逃难，再学习，成了甄永苏少年生活的组成部分，仆仆奔走，辗转求学。甄永苏后来感慨当年道：

“行百里者半九十，小时候的经历使我对这句话有了直接的感受和体会。在抗日战争年代，政府采取焦土抗战政策，把铁路、公路全部破坏。那时汽车绝迹，自行车罕见，出门全靠步行。父母带着逃难，要日行五六十里。接近目的地时，已经相当累了，但不能停顿，必须坚持到达终点。

剩余百分之十的路程，往往需要付出相当于全程百分之五十的力量才能完成。长途步行的劳累，使我感悟到要办好一件事，必须克服面临的困难，坚持达到预定目标。”

尽管颠沛流离，甄永苏还是幸运的，甄兆仁、余瑞英夫妇竭尽全力保护自己的家庭，让自己的孩子们少受饥寒，有书可读。在学校里，甄永苏是个品学兼优的好学生，老师们都很喜欢他。

同一时期，珠江三角洲的另一方，生长在广东佛山的陈妙兰则可以说是苦水里泡大的孩子。1937 年，陈妙兰的父母离异了，她由母亲抚养。然而离异后的母亲在广州生活困难，陈带玉不得不把幼小的陈妙兰委托给本家的一位孤寡老奶奶照顾，自己返回老家巴布亚新几内亚岛的拉包尔港开了家小商店谋生。母亲虽然远在异国他乡，一颗心还是牵挂着幼小的女儿，省吃俭用，每月给孩子寄去生活费。家逢不幸，国又有难，日本兵又在 1938 年占领了广州，童年的陈妙兰，随着老奶奶逃难到香港，靠着母亲的汇款读了小学。然而，1941 年，狂妄的日本兵又发动了太平洋战争，“东方之珠”香港也被他们攻占，这里也成了地狱。陈妙兰与母亲的联系中断了，祸不单行，照顾她的老奶奶因为罹患传染病，竟然被万恶的日寇抓去活埋了！

国家贫弱，民生艰难，幼女无辜，凄凉如此！

不幸中的万幸，战争中也不乏人情善心，多年以后，陈妙兰回忆当年自己侥幸生存下来的经历道：“幸亏老人有一位收破烂为生的侄子，是善良的他救了我一命。我在街头帮他卖过花生油。过了几个月后，他也生活没有了着落，把我放在一艘轮船上到广州他的亲戚家寄养了。在战火纷飞的乱世中，我饱尝了人世间许多磨难，也使我养成了不怕吃苦，听话懂事，好学上进的性格。”[6]

国弱被人欺，烽火刀光之中的国家可不是什么“想象的共同体”，强烈的爱国主义和奋发的自强意识，在披星戴月，动辄百里的逃难求学之路中的甄永苏和战乱中苦苦挣扎，几濒绝境的陈妙兰心底里萌发、生长！

几十年以后，甄永苏回首抗战时期的经历总结道：“动荡的环境，使我感到必须勤奋学习，抓紧时间，努力把缺的课程补回来。我经常在想，为什么我们的国家总受侵略？是因为我们国家贫穷、落后。我们的国家一定要富强。这使我萌生了一定的社会责任感，个人将来要为国家和社会做些贡献。”[7]

中国近世的时代激流就是这样破开块块原石，磨砺出真正的宝玉！

第四节　学医是我们共同的选择

1945 年 8 月 15 日，苦难终于过去了，日本人投降啦！甄永苏、陈妙兰返回被日本人破坏了的家园，1946 年，甄永苏和陈妙兰在各自的城市开始接受高中教育。甄永苏考入了公益埠的广东省立越华中学读高中。

这时的甄永苏和陈妙兰都对自然科学发生了兴趣。陈妙兰原来因为战争困苦而虚弱的身体状况得到了迅速的改善。甄永苏进入高中，终于可以好好地读书了，静静地思考参详世界了，他回忆那时的生活道：

“我有比较强烈的求知欲望，从小喜欢阅读一些世界地理和国内外历史书籍，对自然科学的书刊更是着迷，对天

6　陈家忠. 气若兰兮长不改. 今日科苑，2006，8：4.

7　甄永苏. 甄永苏院士集. 北京：人民军医出版社，2014，4.

文学课外读物和一些自然现象很感兴趣，有时在课余喜欢一个人静静地思考与幻想。到底宇宙有多大？原子弹有多大的威力？有时也喜欢观察日食、月食和各个星座。这种渴望求知，爱思考，爱探索的习惯对我日后从事科学研究都很有影响。”

在各个学科中，他们兴趣的共同点是医学。当然也有不同，陈妙兰喜欢孩子，优先想做一名幼儿教师，医学是第二位的，要学也要学儿科，自己的童年不幸让她愿意去关爱儿童。甄永苏则把医学摆在第一位，优先想学的是外科，战争期间无辜平民死伤枕藉的场景印象太深刻了。而且，他偶然看到了一本香港出版的关于白求恩大夫在抗战中救死扶伤的故事书，这位伟大医生的事迹颇令他敬仰。

甄永苏选择学医，也有其家庭的影响，父亲是他敬仰的榜样，哥哥甄进稳继承父业，也成为一名医生。战后，甄进稳在广州定居，甄永苏在暑假去哥哥家住过一些日子。那时候的医生，特别是掌握现代医学科学的新医的社会地位很高，收入丰厚稳定，颇有吸引力，广州的大城市生活也很让甄永苏神往。于是 1949 年，高中学业结束后，甄永苏带着父亲给的 50 多港元（国民党的法币已经被广东的老百姓唾弃了），去广州报考中山大学医学院，考试之后，就回乡等消息。那年，中山大学医学院只录取了 32 名学生，甄永苏在报纸上看到了录取通知中自己的名字，不禁幸福不已。

当然，他没有注意到通知里还有一个名字，陈妙兰。她的求学之路有些曲折，本来她报考的是香港的一家幼儿师范，一方面是自己的兴趣，另一方面师范学校有生活费的补贴，她想减轻供养自己的亲戚家的负担。有些好笑的是，虽然她的成绩优秀，但是却被面试时的一些奇葩问题挡在了校门外，比如考官问她：“你知道冲水马桶用一次要耗费多少升的水吗？”家境贫寒的她根本没用过这种当时社会上的奢侈品，怎么会晓得啊！于是，退而求其次，她也报考了中山大学医学院，并且一举成功！

福也有双至，也是在这一年，嘴上说三民主义、为民服务，实则独裁专制、贼民自肥的国民党腐败政府倒台了，中国人民解放军势如破竹，解放广东，民族复兴之光在广州城冉冉升起。

第二章　沐浴新中国的阳光

第一节　踏入中山医学之门

1949 年 11 月，甄永苏来到广州报到，因为刚刚解放，学校开学时间延后，12 月中旬才开始正式入学。刚进校时的他，头脑中还没有伟大的理想抱负，父亲对他的希望是将来毕业后，当个医生，开个诊所，做一个好人，过上踏实安稳的日子。在广东省人民医院（当时称广州中央医院）小儿科工作的哥哥甄进稳，送给弟弟一件医生的白大褂，虽然是旧的，甄永苏还是非常开心，高高兴兴地住进中山大学医学院男生宿舍 33 号房。

那是个东方红，太阳升，阳光灿烂的时代。新中国，新气象，甄永苏、陈妙兰成了新中国培养的第一代大学生。中国共产党领导的人民政府，高度关注科学技术的进步，教育事业取得了较大的发展，迅速建立了现代意义的科学技术体系。青年学子们积极响应国家号召，国家的需要成为他们的人生选择。他后来回忆道："1949 年那是我们新中国成立的第 1 年，在我们国家发展的历史上是非常关键的，对我个人来说也是人生经历非常关键的一件大事，这一年进到中山大学医学院学习，等于确定了我今后从事工作的方向。"

新中国成立之后，中国医学教育迅速走上正轨，中山大学医学院蒸蒸日上，在病理学、生理学、眼科、儿科、肾脏病、寄生虫科等领域都迅速取得了诸多科研成就。该校的前身是由潘佩如、李煜堂、李树芬等广东及香港地方士绅在1909年创办的广东公医医学专门学校。1924年，学校改为广东公立医科大学。1925年6月，该校由广东国民政府接管，成为广东大学医科。1926年，广东大学改名为中山大学，广东大学医科也正名为中山大学医学院。

1953年，在新中国高等教育建设过程中，根据国家高等院校调整的精神，经中央文教委员会同意，中山大学医学院与岭南大学医学院、广东光华医学院实现了强强组合，合并为华南医学院，之后于1957年改名为中山医学院，由著名医学教育家、华南名医、老共产党员柯麟主持院务。

其中，岭南大学医学院的前身，是1866年由美国医学传教士嘉约翰在广州博济医院内创办的博济医学堂，它是外国人在中国创办的第一所医学校，称得上是西医东渐之始。1879年，博济医学堂改为南华医学堂，并招收女生入学，开我国女子西医教育之先河。1886年，孙中山先生入南华医学堂学医1年。1930年，该校成为岭南大学医学院[8]。

合并后的华南医学院群星荟萃，有教师169人，其中被国家评定为一级教授的就有8人（号称“八大教授”），师资队伍相当强大，除了中国现代病理学先驱病理学家梁伯强、中国现代寄生虫学奠基人陈心陶、中国放射学创始人之一谢志光、中国现代眼科学奠基人之一陈耀真、生理学家林树模、儿科学家钟世藩、内科学家周寿恺等著名医学家外，还汇聚了药理学家罗潜、解剖学家叶鹿鸣、内科学家陈国桢、朱师诲、汤泽光、外科学家邝公道、眼科学

8 《中山大学校史（1924—2004）》，第312页。

家毛文书、组织胚胎学家许天禄、微生物学家白施恩等一批学术造诣高深、医术精湛、在医学界卓有影响的一流专家。

在这所名师云集、风光美丽的学校里，甄永苏与陈妙兰等青春朝气的伙伴们相会了。在这个积极向上的年代，甄永苏的思想发生了变化，他感到，做一名开业医生，固然生活过得没有问题，但是还有没有其他同样甚至是更有意义的事情呢？

第二节　岭南名师的教诲

我们中国人向来认为名师出高徒，名师对甄永苏学养基础的奠定影响甚大：中山医学院梁伯强、秦光煜、罗潜等优秀的教师对甄永苏这一代学人的成长起到了重要的作用，在指导他们拥有扎实深厚的专业知识和技能的同时，更重要的是对他们进行了治学态度和科学精神的培养。

新中国建立之初，中山大学医学院拥有良好的学术氛围，师生关系融洽，学校治理有方。甄永苏和陈妙兰印象最深的是校长柯麟先生。这位中国现代医学史上的传奇人物是一名红色医学教育家，早年参加革命，后来在澳门镜湖医院担任院长。1951 年春，柯麟接受党组织的委派回广州出任中山医学院校长兼党委书记。他按照“兼容并蓄、求真求实”的原则凝聚全校师生，团结和重用了一批以“八大教授”为代表的学术造诣深厚、德高望重的专家教授，并为他们挡风遮雨，尽可能保护他们的权益，减少不良政治影响对他们教学与科研工作的干扰。柯麟治校期间，中山医学院得到了迅速发展，不仅成为华南地区最高医学殿堂，不少学科在全国医学界也名列前茅。

良好的学术环境焕发了中山医学院师生们的教学热情，新中国的天是纯净晴朗的，新中国的第一代学子们的心中满怀理想与激情。60 多年后，陈妙兰记忆犹新，回忆道："尊师，我们非常尊重我们老师，老师也是非常爱我们。这个学校的校风非常好，鼓励学生的学习，我们那个时候没有说是不及格什么的，班上的同学学习普遍非常好，没有说毕不了业什么的，没有这种情况。学习方面抓得很紧，有很多活动。那个时候每周六晚上可以聚会，可以跳舞，我的交谊舞跳得很好[9]。"

甄永苏不爱跳舞，在陈妙兰的记忆里他很少跳舞。他们初见时，都是年方十八，人生最美丽最美好的时候。甄永苏进入医学院后，就像家乡的潭江汇入了南海，觉得要学习的东西很多。他对基础课、临床课都有浓厚的兴趣。他重视对各门课程的学习，特别是对病理学与药理学情有独钟。因为这两门课程是基础与临床各学科的桥梁，它对探索疾病的奥秘，了解疾病的发生、发展和转归，药物治病的机制等都有关系。在学习病理课期间，他被推选为班级的病理课代表，对病理学的学习就更用心了。陈妙兰给甄永苏的评价是："他很老实，非常老实，非常踏实，他做事很稳当"。

在中山医学院，各位良师的教导对他影响很深，不仅学到了知识与技能，更重要的是对于严谨治学的态度及科学献身精神的培养，真可以说是受益终身。例如，梁伯强教授早年留学德国，学术造诣很深，曾经两度出任中山医学院的院长，又是病理学系主任，在病理学界享有盛誉，

9　陈妙兰访谈，2016 年 3 月 1 日于北京。

是本专业的泰山北斗，与北京协和医学院的胡正详先生并称中国病理学界的“南梁北胡”顶尖高手。新中国成立后，梁伯强致力于肿瘤病理学研究，提出要注意研究肿瘤与机体之间的关系，在国际上首先提出“间质反应”新概念。他不仅研究能力高超，卓有学识，在教学上更有一套独到的方法，以严谨求实的学风著称。他常常告诫学生们：“人不是照着书本生病的，不要照搬书本去套病人；一定要通过观察，进行分析与判断。”他从我国医学教育发展需要出发，亲自主持和指导开办了20多期病理师资班、进修班和研究生班，当时全国病理学骨干师资有将近1/3都来自这些培训班。

梁伯强讲课既具有高度的科学性和准确性，又生动活泼，强调理论与实践结合、普及与提高结合的原则。在甄永苏记忆里印象最深的是，有一次梁教授指导学生们做病理解剖，死者是罹患伤寒不治身亡。在讨论时，梁教授提问：“病人死于何种疾病？有哪些病理变化？”有一位同学当即回答说是伤寒，并且对出现的病变讲得非常完善。梁教授问：“诊断是对的，但你说的这些病变都能见到吗？是你观察到的还是照书本背出来的？”梁教授之所以这么问，是因为事实上这是一个特殊的病例，死者的遗体上并未出现教科书上所描述的典型病理变化。这位同学只好承认是根据书本背下来的。梁伯强先生语重心长地指出，教材上是详细地写了伤寒的早期和晚期病变，可是在这个病例中出现的病变是与书本描述有差别的。要实事求是，有就是有，没有就是没有，不能凭空想象。一切从实际出发，结论要依据自己的观察。甄永苏后来一直牢记梁老师这段话，并常以此要求自己和学生，要老老实实做学问。

另一位让甄永苏深受启发的是病理学名家秦光煜教授。

他是北京协和医学院毕业生，科研兴趣广泛，对肿瘤、内分泌、血液病、脑瘤、寄生虫病和麻风病等病理研究均有较深造诣，生平著述甚多。早年留学美国时，他在哈佛大学、耶鲁大学专攻脑病理及脑瘤病理，对脑瘤的发生分类与鉴别诊断尤为独到。秦教授学识渊博，勤于思考。他尤其擅长将病理形态学与临床表现联系结合起来，具有很高的病理解剖诊断水平，为提高我国病理诊断水平做出了重要贡献。他在讲授病理学时，经常将结构与功能相结合，病理形态与病理生理相结合，让学生有全面的理解。他常教导学生们，只有认真观察了形态与结构的改变，并联系到功能的变化，才可能对疾病的发生发展过程有一个全面的了解，做出正确的判断。他教导学生"求学之道无捷径"，思考不是凭灵感，而是要有广泛、扎实的基础知识和专业知识，所以需要大量阅读专业文献，学习前人的经验。他还强调，研究工作是创造性劳动，一定要有自己的见解和发现。

此外，药理学名家罗潜教授也让甄永苏受益匪浅。罗先生是留学德国的博士，也担任过中山医学院的院长。甄永苏在学习期间，对药理学也产生了浓厚的兴趣。20 世纪 40~50 年代，正是医药研究取得划时代突破的岁月，抗生素家族的发现最为世人瞩目。青霉素已经在临床验证了其神奇的疗效，链霉素（1944）、氯霉素（1947）、金霉素（1948）、土霉素（1950）、四环素（1952）、红霉素（1952）等抗生素相继研制成功。

新中国的抗生素药物研究与生产被列为国家重点发展项目。在我国第一个五年规划期间，实现青霉素的现代化生产在上海率先实现。由于抗生素的研制和应用，过去严重危害人民生命健康的传染病如伤寒、肺结核等，都有了较好的治疗药物，创伤导致的感染也有了较好的控制办法。甄永苏作为医学院学生，对医药学的发展充满了美好的憧憬，认为药物的威力强大，很多病都能治好，即使目前难以医治的疾病很快也会有好药。罗潜先生则能保持头脑冷静，坚持客观理性地看待药物学的进展，在教授学生时，注意引导他们，一方面要看到发展的方向与前景；另一方面又要踏实学好基础药理，掌握药物的合理使用方法，要求学生们遇事要做全面的分析。

诸位良师、名师的言传身教，为甄永苏这代青年学子树立了榜样，使他们从学生时代就养成了脚踏实地、勤奋好学的习惯，在后来的工作中形成了爱思考、重实践、讲实效的优秀作风。

中山医学院的大学时光，奠定了甄永苏一生的事业基础，基础理论、基础知识、基本技能，都掌握得扎扎实实，更重要的是培养起了严谨的治学精神，他的科学之舟可以启航了，当然是与陈妙兰一起，因为，追求卓越与崇高的美好旅程是不会孤单的。

第三节　妙兰永苏，携手启航

甄永苏的大学时光是充实的，学识修养不断提高，与之同时，他的理想也已经发生了重大变化。他原本受父亲的影响，打算毕业后做个人开业的医生。新中国的教育让每一位从旧中国走来的青年学子们都强烈地意识到自己所承担的历史责任。个人在旧中国吃苦越多，能力越强的，就越发强烈地意识到这种责任感。甄永苏的兴趣是趋向于探索科学的未知领域，这使得他更偏爱基础医学研究，特别是在读期间，在各位良师的引导下，他对病理学产生浓厚的兴趣，还有当时在中国医学界最热门的抗生素研究也极大地吸引了他的注意力，这些都让他重塑了自己的人生理想。他决定选择以病理学和药理学为方向的基础医学研究，而这些也是当时中国医学亟待发展的领域。

新中国建立以后，在人民政府的高度重视下，现代国家医学科学研究体系迅速建立起来。当时的国家医学科学研究工作方针是在密切结合疾病防治工作需要的同时，也重视医学基础理论的研究[10]。病理学与药理学都是医学科学最基础的学科，也是中山医学院的优势学科。

甄永苏经过勤奋努力，不仅取得了优秀的学习成绩，还得到了同样优秀且好学上进的陈妙兰的关注与好感。当然，甄永苏对她也早有同样的关注与好感。他们是班上的大哥和大姐，走在一起是顺理成章，水到渠成的事情。当陈大姐在场上活泼欢快地翩翩起舞时，甄大哥总是微笑着坐在场边，静静地欣赏。

陈妙兰回忆道："甄老师这个人不爱说话，有时候我们跟他开玩笑，他就像一个热水瓶，其实里面是热的，但是外表看来是凉的。所以我跟他接触以后，我就喜欢这个人，这个非常忠厚的人，而且各方面条件都很好，但是他不是那种狂妄的人，我不喜欢那种人，所以很容易大家就情投意合了，我们很顺利。我们回到中山医科大学，好几次他们就让我们讲，让我们跟年轻的学生聊，他们就问我们一个问题，说你们早谈恋爱不影响学习吗？我说没有影响学习。因为当时我们恋爱是怎么谈的呢？我们就是晚上散步的时候，一边聊天一边讲一下今天的功课。等到要考试的时候，我们两个单独到一个地方复习功课，所以我们没有

10 董光璧主编. 中国近现代科学技术史. 湖南教育出版社，1995，1129。

影响学习。年轻的学生说现在学校不让我们谈恋爱，就是因为怕影响学习什么的。”

在那个火红的年代，谈恋爱和学习可以是统一的，因为，他们谈的不仅是感情，更是专业，交流学习经验，互帮互学，共同进步，这样的感情是最坚实的。中山大学医学院校方也是很开明的，不禁止学生谈恋爱，甄永苏、陈妙兰这个班一共有七对同学谈恋爱，毕业后都喜结连理，白头偕老。

甄永苏、陈妙兰毕业前的最后1年，适逢国家第一个五年计划，在政府统一领导下，全国医学院校要加快发展，急需师资人才。国家卫生部决定在全国各大医学院校中开办各个专业的高级师资班，选拔优秀人才进修培训。中山大学医学院在病理学方面具有全国领先地位，因此被选定举办病理高级师资班。甄永苏、陈妙兰凭借优异的学习成绩，被选拔参加中山医学院病理高级师资班。在这个高级学习班，他们共同加深了对恶性肿瘤的认识，为后来的肿瘤实验研究打下了基础。

1954年，甄永苏、陈妙兰以优异的成绩毕业了。更令甄永苏、陈妙兰高兴的是，中山大学医学院校方决定把他们这两位优秀毕业生一起分配到北京工作，在梁伯强先生的高徒杨简教授所在的中央卫生研究院病理系供职。甄永苏、陈妙兰这一对志同道合的新中国青年学子，服从组织分配决定，立刻启程。他们携手奔赴遥远而心中向往的首都，把个人的命运交付给祖国的医学科学事业。甄永苏对自己的人生的规划是：“只要国家和学业需要，我就坚持自己的学习方向，努力精通这一行，达到风景秀丽的新彼岸……”。一片中华赤子的初心，尽在这句浪漫而又富有时代性的话语之中。

第三章 站在抗肿瘤抗生素的最前沿

第一节 医学大师领进门

1954年，甄永苏、陈妙兰从中山医学院毕业，被分配到中央卫生研究院，几十年后，陈妙兰回忆当时的场景，历历在目：“1954年8月的一天，一辆卡车停在南纬路二号院门前，那时是中央卫生研究院的所在地。一批朝气蓬勃的男女青年鱼贯地跳下车，步入这所充满生机的高级学府。这些都是从全国各地高等院校分配到该研究院的大学毕业生，他们中有邓希贤、鲁桂琛、朱丽霞、何燕生、徐承涛、甄永苏、蔡海英、邵桐荪等等，我也是其中的一个。这些年轻人在沈其震老院长的领导和指引下，经过严格要求，精心培养，现已成为科研骨干，有些已成为学科带头人[11]。”

陈妙兰在这里提到的沈其震先生是新中国医学科学发展史上的一位重要人物。甄永苏、陈妙兰的科研成长得到了当时的中央卫生研究院沈其震院长的关怀，沈院长是对他们人生经历起到重要影响的一位关键人物。

那时候的甄永苏、陈妙兰们正年轻，在他们的记忆里，沈其震也不老，还不到50岁，精力充沛，经验丰富，文质彬彬，和蔼可亲。他担任中央卫生研究院院长后，广募贤

---

11 顾方舟，陈妙兰，巢心明. 沈其震教授纪念文集. 北京：北京医科大学中国协和医科大学联合出版社，1993，30.

才，充分发挥自己在学界的影响力，从海内外聘请了一批优秀科研人才，如从海外归来的张为申、黄量、梁晓天、宋振玉、周同惠、王蘅文，从国内其他科研机构调入的杨简、薛社普。他还从国内高等院校选拔了一批风华正茂的毕业生，使本院的科研人员队伍不断壮大。

沈其震担任院长期间，不辞辛劳，努力改善科研人员的工作环境和生活待遇，缺少文献资料，他想办法从国外订购；缺少仪器设备，他设法购进；新中国刚成立时的北京生活条件艰苦，科研人员们都挤住在破旧的小平房里，他在经费短缺的条件下，设法改善生活条件。他与大家共度困境，常常与科研人员们谈心讨论，教导青年们努力工作，他的住处也成了青年员工之家。

甄永苏后来回忆道："对我来说感受最深的是沈院长十分爱护、关怀和培养青年科技干部。当时，沈院长经常和我们刚毕业参加工作的年轻人交谈，了解研究工作情况。接待国外来访专家，沈院长常与他们就特定方面研究现状与发展趋势进行讨论。"

甄永苏进院后，最初在病理学系从事有关肿瘤病因与发病机制的实验研究。在杨简、王蘅文两位大师的指导下，在工作中积累经验，为日后开展药物筛选与实验治疗研究打下了坚实的基础。

甄永苏 1954 年 8 月至 1958 年 7 月间任研究实习员，在杨简教授和王蘅文教授指导下从事实验肿瘤学和实验病理学研究。杨简教授也是广东人，曾经在中山大学医学院学习和工作过，是甄永苏的校友。他以治学严谨、工作认真而在中国医学界名闻遐迩，早在 20 世纪 40 年代就在国内开展实验病理和实验肿瘤研究工作。新中国成立后，杨简教授的科研工作取得了长足的进展，着手组建我国自己的肿瘤病理研究实验基地。他在1958年建成了中国首个动物实验肿瘤保种传代室，在从国外引进瘤株的同时，积极开展国产瘤株培育。在杨简教授的带领下，先后培养了10个瘤株，在全国推广使用，为我国开展实验肿瘤研究及肿瘤实验治疗，提供了有用的模型和奠定了科学研究基础。他还积极从事病理学教学工作，主持创办了高级病理学师资班，为我国培养了大批病理学教学和研究人才。

在沈其震、杨简、王蘅文等医学名家的关怀培养下，甄永苏的事业不断进步。最开始，他的主要的工作包括：①局部神经对小鼠实验性肿瘤发生发展的影响；②小鼠移植性肿瘤模型的建立和生物学特性观察；③某些药物毒性的病理学观察研究。1955年甄永苏在刚从美国留学归来的李漪教授指导下从事实验肿瘤学研究半年，开展关于小鼠诱发性肿瘤包括胸腺瘤的发生与发展过程研究。

同年，11月19日，甄永苏现在仍然记得那天是周六，他和陈妙兰举行了婚礼。中央卫生研究院的同事中很多人都来祝贺，大都是一群年轻人，婚礼办得简朴但青春洋溢。婚后他们住得也是单位的宿舍，狭小却是很温馨。

1956年，甄永苏的工作中增加了抗肿瘤抗生素研究的内容，包括：①抗肿瘤抗生素体外筛选模型与方法的建立；②抗肿瘤抗生素动物筛选模型的建立；③与当年新建立的“中国医学科学院抗生素系”合作，开始筛选少量样品。同时，他对于从国外引进的小鼠移植性瘤株（艾氏腹水癌）的特性进行研究，并用于药物筛选。

1957年上海医药工业研究院抗生素专家童村教授访问苏联，归国时带回小鼠移植性瘤株（S180肉瘤），交给中国医学科学院病理系肿瘤实验室保存和使用。至此，实验室已保有当时国际上广泛用于抗肿瘤药物筛选的小鼠移植性肿瘤瘤株——艾氏腹水癌（Ehrlich ascites carcinoma）和S180肉瘤（Crocker sarcoma S180），并开始用于抗肿瘤药物筛选研究。

1957年，在杨简指导下，甄永苏作为实验完成人之一，在当年《中华病理学杂志》第二期，发表了自己的第一篇论文“破坏局部神经对小鼠皮肤瘤和肉瘤发生发展的影响”。

第二节　坚定初心，勇担使命

遥想当年，甄永苏作为一名科研工作者，深感个人的命运是与国家的发展紧密联系在一起的。1956年，甄永苏的事业进入了新的阶段，他所处的科研环境发生了重大改变，这使他的人生之舟进入了服务于国家医学科学发展需要的特定航道，从此担负起自己的历史使命，开始了为之艰难奋斗半个多世纪的抗肿瘤抗生素研究工作。

首先，甄永苏面临的是自己所在的科研单位经历了重大改组整合。中央卫生研究院于1956年9月改名为中国医学科学院，在国务院科学规划委员会领导下，与中国医学科学的“超级战舰”中国协和医学院开始合并工作，以建立全国医学研究的中心。

中国协和医学院原名为北京协和医学院，创立于1917年，创立者为美国洛克菲勒家族捐资建立的洛克菲勒基金会及其下属机构美国中华医学基金会（China Medical Board，1928年后独立运营，该机构始终以支持中国现代医学发展为主要业务）。在中国现代医学史上，北京协和医学院曾经是与约翰·霍普金斯医学院、哈佛大学医学院等国际著名医学院校一样高水准的世界一流医学教育与医疗研究机构。在20世纪20~40年代，它不仅是亚洲最主要的医学中心，也是当时世界上杰出的医学院校之一。

客观来看，这所医学院校是一个超越了当时中国国情的科学机构，其办学条件是当时的中国无力维持的，但是确实对中国现代医学科学和医学教育发展起到了积极的推动作用。洛氏家族经营北京协和医学院一贯的、根本性的方针，是要在中国办一个世界最高水平的医学院，培养第一流的临床专家、教育家、科学家和卫生行政学专家，造就中国未来的医学领导人才，从而为中国的医学与卫生事业和世界医学做出贡献。因此，协和的办学资金由美国洛克菲勒基金会及其分支机构美国中华医学基金会全资提供，总投入超过了4000万美元，这在当时是相当可观的数目。协和的教师来自世界各著名医学院校和科研机构，实验室和临床医院的设备都是世界最先进的，教学与科研环境达到了“奢侈”的程度，且招生非常严格，每年只招收20名医学生，采取精英教育模式，培养高素质的领军人才。甄永苏在中山医学院学习时的老师秦光煜先生，就是协和1920级的学生，毕业后曾经在协和病理系长期任教。

北京协和医学院的基础医学、临床医学拥有雄厚实力，为中国现代医学科学和医疗卫生事业的发展造就了林巧稚、张孝骞、汤飞凡、吴阶平、诸福棠、黄家驷、邓家栋、陈志潜等大批高质量人才。他们成为中国医学界各个领域的领军人物，是我国诸多医学专业学科的先驱者和学科带头人，得到了国家和社会的尊敬和倚重。1935~1937年间，中华医学会成立了12个专科学会，其中首任会长有9名协和人。新中国建立后，中华医学会又增设了3个专科学会，此时15名会长中，有12名是协和人。1948年，原中央研究院医药卫生领域8名院士中，有5位是协和人。1955年中国科学院选出的第一批医院卫生界学部委员中，协和人占2/3。

1951年1月20日，中央人民政府教育部和卫生部接管了北京协和医学院，改名为中国协和医学院。1952年1月，为适应抗美援朝，加强国防建设需要，中国协和医学院划归中央人民革命军事委员会建制。为了加强我国医学科学研究工作，1956年3月，国务院决定把协和医学院划归卫生部领导，确定主要任务是：以医学科学研究为主，加强协调合作，进行医学科学中主要问题的研究，培养科学研究和高级教学人才；并做好临床医疗工作，提高医疗质量，密切配合研究工作[12]。

1957年初，国务院科学规划委员会提出了一个关系到新中国医学科学发展进程的重大方案，将卫生部所属之中国医学科学院、中国协和医学院、肿瘤研究所、皮肤病研究所与原军委所属之胸腔外科医院、整形医院、天津血液病研究所整合为一个全国医学科学研究中心。这一工作是在周恩来总理、聂荣臻元帅领导之下完成的，李宗恩、沈其震、黄家驷、张孝骞、张鋆、张锡钧、林巧稚等一大批医学家参加了合并工作。在11月25日，该机构名称定为中国医学科学院，一艘整合众多资源、领导中国医学科学发展的航空母舰诞生了。

这一事件不仅直接影响了此后中国医学科学发展的进程，对于甄永苏的人生也是至关重要的，他成为中国医学研究中心科研群体的一员。在当年选举出的中国医学科学院第一届团委中，他担任宣传委员，至今他还记得另外一

12 吴阶平，董炳琨主编. 协和育才之路. 北京：中国协和医科大学出版社，2001，30.

位任组织委员的同事——陈敏章，后来的卫生部部长。中国医学科学院是甄永苏此后毕生科研工作的平台，他的事业、成就都在这里，他的至爱、挚友也在这里。

中国医学科学院合并北京协和医学院，所带来的资源优势是巨大的。协和历史上有“三宝”之说，即“专家教授、图书资料、病案标本”，甄永苏最常用到的就是图书资料：协和图书馆。在现代医学科学发展中，图书情报是必不可少的部分。甄永苏对此非常关注，他认为：“如果你不了解整个发展，只是从局部，而不是从整个世界方面来了解你这个领域的发展的话，创新是不可能的，因为你做出来的结果，可能别人已经早知道了。所以创新不能靠突然间一个灵感，而是要掌握大量的信息的基础上，找出不同的地方。如果你不知道别人做了什么，你怎么创新[13]？”

协和图书馆所拥有的图书情报资源是非常丰富的。该馆落成于 1921 年，在 1951 年收归国有以前，书刊大多数都由洛克菲勒基金会从美国代购，因此馆藏外文原版书刊丰富，而且以生物医学期刊为主。1949 年，该馆藏书有 65 000 多册，其中包括各种疾病史料 400 余册，西洋医学史专著和外国著名医学家传记 900 余种；期刊 450 多种，是当时亚洲第一的医学图书馆。在这里，很多重要期刊都是从创刊号开始成套入藏的。例如，1665 年创刊的《Philosophical Transactions of the Royal of London》（英国皇家学会哲学学刊）；1824 年创刊的《Lancet》（柳叶刀）；1827 年创刊的《British Medical Journal》（英国医学杂志）；1883 年创刊的《Journal of the American Medical Association》

13　甄永苏访谈整理稿，2015 年 6 月 8 日。

（美国医学会杂志）；1887 年创刊的《Chinese Medical Journal》（中华医学杂志）等等[14]。在这里，人类医学科学发展的深厚积累与发展脉络，清晰地呈现在甄永苏眼前。他感到自己就像一棵树苗，找到了肥沃的土壤。

院校合并以后，尽管经济困难，政治封锁，中国医学科学院图书情报工作者们仍然尽可能地订购到国外重要的医学期刊，这对于甄永苏这些科研工作者们是非常重要的。甄永苏欣喜地发现，在协和图书馆可以看到自己所需要的医学期刊，了解到国际医学科学的最新进展，包括美国、英国、日本和苏联等国家在抗生素领域所取得的前沿发现。

当然，甄永苏在协和图书馆不仅能看到收集极为齐全的医学期刊和参考书籍，还有协和的第一宝：专家教授，比如张孝骞、谢少文这样的老一辈医学家。无论政治环境发生什么风浪，外面社会怎么折腾，这些老科学家们依然坚持经常到图书馆学习，不断地充实业务知识和提高业务能力。

在这些协和名家中，张教骞教授给甄永苏留下的印象最为深刻，他后来回忆道："张孝骞教授已经是医学大家了，临床工作也非常忙，他为什么经常要到图书馆去查阅资料呢？这是因为他总是关注医学发展的最新进展。张孝骞教授虽然在多年临床实践工作中积累了丰富的实践经验，仍然强调医学家光靠个人实践经验是不够，还要注意国内外业界的研究动向，特别是对疑难病首先要诊断，然后才能进行治疗，不能准确诊断就做不到有效治疗。有些新的病种一经发现，他就会及时了解，并和自己的临床工作经验结合起来。张孝骞老先生是我们学习的榜样。"

14　吴阶平，董炳琨主编. 协和育才之路. 北京：中国协和医科大学出版社，2001，230.

在甄永苏的科研生涯里，在其起步期就恰逢中国医学科学院与中国协和医学院的合并，新中国医学科学的发展自此有了一个国家级的高端研究平台，无疑起到了积极的促进作用，可谓生逢其时。

就在中国医学科学院与中国协和医学院及其他机构进行合并的同时，影响甄永苏科研工作的另一个重大事件也在进行。早在新中国建立之初，中央政府在北京天坛的卫生部生物制品研究所设立了青霉素室，时任该所所长的著名医学家汤飞凡教授聘请了国际知名抗生素专家张为申、童村、马誉征、朱既明和留日归来的许文思等教授以及一批年轻的科研工作者，利用张为申由美国带回来的菌种M133 开始了我国青霉素的研制工作。

1956 年党中央和人民政府发出“向科学进军”的号召，制定了要在 12 年内使包括抗生素在内的一切最急需的学科接近国际先进水平的科学发展规划。中国医学科学院在院长沈其震带领下响应号召，于同年开始筹建抗菌素研究所。先是由沈其震亲自请张为申领导筹建工作，以卫生部生物制品研究所青霉素室、中央卫生研究院微生物系细菌室、真菌室、药物系生化室等部分人员为基础，1956 年在中央卫生研究院正式成立了抗生素系。在此基础上，于1958 年扩大成立了中国医学科学院抗菌素研究所。

甄永苏后来回忆道：“1956 年，沈院长抓住抗生素研究领域的新生长点，让我们开展抗肿瘤抗生素的研究。在王蘅文教授指导下，我着手查阅文献、学习和掌握方法，并和当时新建立的抗生素系合作，开始初步研究。”

抗生素发现与临床应用是人类医学发展划时代的大事。20 世纪 40 年代第一个抗生素——青霉素投入临床应用，它作为抗感染药物在当时有惊人的疗效，是化疗的标志性里程碑，揭开了人类药物发展史的新篇章。抗生素研究成为全球医学和药学研究的热点，各国科学家纷纷投入到新的抗生素的研究与发现工作中，起初的进展颇为顺利，到了50年代初，链霉素、头孢菌素、氯霉素、土霉素、红霉素等一批新抗生素相继问世，青霉素和链霉素的发现者还获得了诺贝尔奖。抗生素研究已经是关系到各国国计民生的头等大事。

新中国建立后，中央人民政府对于抗生素研究立即给予了很大关注。卫生部在天坛的生物制品研究所内设立了青霉素室。开始了我国青霉素的研制工作[15]。其中，张为申从美国带回来的青霉素菌种 M133 起到了重要作用。

张为申（1909—1966），江苏吴县人，微生物生化和抗生素科学家，1932 年毕业于清华大学化学系，1946 年赴美国威斯康星大学研究院生化系留学，获博士学位，并留校任研究员。他热爱祖国，本来在美国的科研和生活条件都很好，中华人民共和国建立后，张夫人本已到达香港，准备从那里前往美国，但是张为申打电报阻止妻子的行程，不顾美国移民局的阻挠，于 1951 年返回祖国。

回国时，张为申没有什么行李，却带回来他参与研究的无色青霉素菌种。这是一份宝贵的财富，因为当时我国抗生素研究与工业都是空白，进口抗生素价格昂贵，而中国人口多，需用量大，一定要自力更生生产抗生素。有了菌种，国内却没有生产所需要的乳糖和玉米浆等主要原材料，张为申从国内实际出发，立即开展了原料代用品的研究，成功地用肥田的棉籽饼粉代替玉米浆，用玉米面代替乳糖，不仅解决了原料问题，还大大降低了成本。1953

---

15 中国医学科学院医药生物技术研究所编：《光荣与梦想：1958—2008 纪念建所五十周年》，2009 年印制，第 4 页。

年，由于为解决我国青霉素的工业生产做出了突出的贡献，张为申被评为全国劳动模范，还见到了毛泽东主席。此后，张为申继续深入开展抗生素研究，进行了土霉素、红霉素、链霉素的试制，为我国抗生素研制与生产事业奠定了基础。

当时，中国的科学技术仍很落后，党和人民政府投入了很大力量用于经济与科学文化的发展。1956 年 11 月，毛泽东在最高国务会议上指示："我国人民应该有远大的规划，要在几十年内，努力改变我国在经济上和科学文化上的落后状况，迅速达到世界上的先进水平"。周恩来也在全国政协委员会会议上发出了"向现代化科学技术进军"的号召。人民政府制定了要在 12 年内使包括抗生素的最急需的学科接近国际先进水平的科学发展规划。此后，国家科委成立了抗生素专业组，由卫生部部长钱信忠任专业组组长，沈其震任副组长，张为申任主持工作的副组长。

沈其震院长根据中央精神，决定在中国科学院组建抗生素专业机构，亲自请张为申先生领导筹建工作。于当年以卫生部生物制品研究所青霉素室、中央卫生研究院微生物系细菌室、真菌室、药物系生化室等部分人员为基础，正式成立了抗生素系。为了筹建中国医学科学院抗菌素研究所，张为申积极向各方争取力量，聘请了一批有真才实学的专家，按照当时的条件设置布局，使抗菌素研究所在建所时就成为学科比较齐全、基础比较扎实、初具规模的科研单位。建所之后，张为申积极领导大家开展新抗生素筛选研究，在几年内筛选得到了曲古霉素、万古霉素、灰黄霉素、巴龙霉素、卡那霉素、多黏霉素等产生菌。张为申非常重视科研成果的转化应用，投入了很大人力进行抗生素中试和工艺研究，使所里的最新研究成果很快可以成功投入应用，提交工业生产，填补了我国抗生素品质的诸多空白，为新中国人民健康事业做出了贡献[16]。

在20世纪50~60年代，抗生素是国家重点研发的领域，国家科委成立了抗生素专业组，任命张为申担任主持工作的常务副组长。张为申以身作则，带领全所同志努力工作，平时都住在研究所，每天清晨起来就到实验室和中试工厂开始工作，每晚都是最后一个离开。他非常重视和关心青年科技人员的成长，指导科研工作不仅是把自己的思路全部告诉给大家，更注意发挥科研人员独立思考的能力，平时经常教育一起工作的青年人员，做科研要做到入迷的程度，要注意培养自己从事科研工作的毅力。张为申先生的优秀品质和言行教诲，对于甄永苏科研工作风格的养成无疑起到了重要作用。

1958年抗生素系经改造扩大为抗菌素研究所，增设了肿瘤室、病毒室、生物检定室。甄永苏和其他青年科研骨干被调入该所。沈其震院长通知他，要在该所负责抗肿瘤抗生素研究项目。几十年后，甄永苏依然记得当时沈其震找他谈话，语重心长地说："为发展我国抗生素事业，不久将成立抗菌素研究所，院领导决定调你到该所工作，加强抗肿瘤抗生素研究，望你很好地担负起这项任务。"当时甄永苏仅仅参加工作4年，沈其震院长的信任和关怀令他十分感动。他默默地下了决心，一定努力把工作做好。尽管后来他在工作中遇到了不少困难和曲折，但一想到沈其震等前辈的殷切期望，就鼓足勇气和信心把研究工作坚持下去。

虽然甄永苏从事过实验肿瘤的研究，但是抗肿瘤抗生素研究有别于肿瘤发病机制研究，也有别于一般的药理与

16 崔月犁，韦功浩. 中国当代医学家荟萃（第一卷）. 长春：吉林科学技术出版社，1987，508.

实验治疗研究。从微生物产物中发现和研制抗肿瘤抗生素，是极其复杂的、综合性极强的工作，被称为“一条龙”，大致可分为五部分：①获得产生菌：从全国各地采集的土壤样本中，培养、分离数以千计的菌株；②制备发酵液样品：将各种各样的菌种进行培养发酵，取得为数众多的发酵液样品；③初筛检测：对大量的发酵液样品进行筛选，检出有潜在抗肿瘤活性的样品；④提取纯化：对初筛阳性发酵液样品中的有效物质，进行提取与纯化；⑤动物实验疗效评价：利用实验动物肿瘤模型，观察提取物的疗效。

其实，要在微生物培养液里找寻潜在的、具有抗肿瘤活性的物质成分，困难异常。即使在筛选的发酵液样品中有这种活性物质，往往因含量太低，一般的方法未能检出；或因不同批次发酵液样品中活性成分含量的变化，这次检测阳性，下次检测可能变为阴性。

在老一辈科学家的支持下，甄永苏的工作起步颇为顺利。1958 年 10 月，应苏联医学科学院的邀请，中国政府派出包括张为申、胥彬、甄永苏等人的代表团，出席在莫斯科举行的第一届国际抗肿瘤抗生素学术会议。会议期间曾提交研究工作报告“抗肿瘤抗生素 4936 研究”。会后在莫斯科和列宁格勒（现称圣彼得堡）参观了肿瘤和药物研究机构，包括苏联医学科学院新抗生素研究所、苏联医学科学院肿瘤研究所、全苏抗生素研究所、全苏药物研究所、苏联医学科学院实验医学研究所、列宁格勒肿瘤研究所、列宁格勒抗生素研究所等。

回国后，张为申、胥彬、甄永苏等分别向中国医学科学院沈其震院长和中国科学院吴有训副院长汇报参加学术会议和参观科研机构情况。甄永苏从苏联医学科学院肿瘤研究所带回 10 余种可用于药物研究的动物移植性肿瘤瘤株，包括小鼠 H22 肝癌、小鼠肉瘤 AK、小鼠肉瘤 37、小鼠淋巴瘤 Lio-1、小鼠 HP 黑色素瘤、大鼠肉瘤 M-1、大鼠肉瘤 45、大鼠瓦克癌肉瘤、家兔 BP 癌等。这些实验性肿瘤模型对于在我国开展抗肿瘤药物研究有重要作用。其中小鼠 H22 肝癌和 HP 黑色素瘤至今仍被国内一些研究单位采用。

1958 年抗菌素研究所提出了寻找新抗生素的三大任务：抗细菌、抗肿瘤和抗病毒的抗生素。11 月，抗菌素研究所成立各研究组，甄永苏任肿瘤研究组组长。同时成立抗肿瘤抗生素任务组（由各个研究组的相关人员组成的协作组），其为任务组组长。肿瘤研究组后来改为研究室，甄永苏任主任。他从此有了自己的天地，满怀热情和信心，全身心投入到工作中去。也许，他当时并没有想到，这一干，就是半个多世纪。

甄永苏深知自己所从事的研究工作对于人民群众的健康是至关重要的。疾病是与人类相伴生的，而恶性肿瘤（癌症）更是一种严重危害人类健康的常见病、多发病。肿瘤的存在具有广泛性，不仅见于哺乳动物、禽类、爬行类、两栖类、鱼类等脊椎动物，也可见于无脊椎动物。由于其存在的广泛性，动物肿瘤可以为肿瘤研究包括肿瘤药物研究提供重要的实验模型。人体肿瘤具有复杂性、多样性。人体的各种组织细胞均可能发生恶性改变，产生不同组织来源、不同部位的肿瘤。人体的癌症并不是一种单一的疾病，而是一类包括 200 余种具有各自病因与自然发展过程的不同疾病。因此，其治疗方法也有所不同。

根据我国疾病死亡原因的统计资料，恶性肿瘤在城市和乡村均居首位。外科疗法与放射疗法在恶性肿瘤治疗中具有重要作用，但由于肿瘤往往出现扩散与转移，对于恶性肿瘤迫切需要全身性的有效治疗方法。因此，药物治疗同样具有重要作用，成为不可缺少的治疗方法。抗肿瘤药物一般指用于治疗恶性肿瘤的药物，又称抗癌药物。抗肿瘤药物的研发与应用已成为生物医药科学的一个迅速发展的重要领域。

在医学发展史上，人类何时开始使用药物治疗肿瘤很难确定，古代希腊、罗马时代的希波克拉底和盖伦都已经对肿瘤进行了临床描述与分类，并进行治疗。我国早在公元前一些古籍中已有某些肿瘤的症状及治疗方法的记载。西方中世纪曾经用银、锌、汞等金属治疗肿瘤，但是都是疗效甚微，基本上是认定为不治之症。19 世纪末电离辐射治疗技术的发展为研制具有拟放射效应药物奠定基础。1898 年 Beatson 发现摘除卵巢可抑制乳腺癌的生长，表明体内肿瘤细胞生长可受肿瘤外部因子的影响。同年 Coley 报道用细菌抽提物治疗，可导致淋巴瘤与肉瘤消退，表明可能通过激活体内防御系统进行治疗。在 20 世纪初期，德国医学家保罗·埃利希提出，有可能用小分子药物治疗肿瘤与传染性疾病。他构建了“化疗”（chemotherapy）一词是指用药物进行全身性治疗，包括传染性疾病与肿瘤。埃利希曾建立了小鼠移植性肿瘤模型，用于检测药物的疗效。但此后数十年间未见到人体全身性药物治疗肿瘤真正成功的病例。

人类社会对于抗肿瘤药物的需求是巨大的，全球处方药销售增长情况表明，抗肿瘤药物类是销售额增长幅度最快的领域。但目前对于发病率较高的恶性肿瘤如肺癌、胃癌、结肠癌等，药物治疗的效果仍属有限。

因此，人类迫切需要医学研究开发新型的抗肿瘤药物，这是一场拯救生命的战争。医学与癌症之间是一场什么样的战争呢？这是一场世界顶级的、艰苦卓绝的医学攻坚战，简单来说，其目的是要找到对抗癌症的生物“魔弹”，也就是一种必须具备特异性（specificity）的药物。科学界将药物能分辨它的预期攻击标靶与其宿主的能力称为“特异性”。癌细胞具备旺盛的生命力是有条件的，在试管中杀灭癌细胞并不是很困难：在化学世界中充满着各种有毒物质，即使极微量，也能在数分钟内杀死癌细胞，比如酒精、重金属等。但是在人体内就完全不同了，困难的是要找到一种能选择标靶的毒药，它能既杀死癌细胞，又不伤害患者[17]。

人类社会进入20世纪以后，自然科学发展迅速，一方面受到烷化剂研究成果的鼓舞，科学家发现在自然界可以找到杀灭人体癌细胞的物质；另一方面从抗生素治疗传染病的研究中受到启发，既然微生物可以产生像青霉素那样奇迹般的抗菌药物，是否也可以产生有效的抗肿瘤药物，能杀伤癌细胞而不伤害正常细胞，这是当时医药研究者十分关注的问题。随着青霉素于1943年开始使用，1944年即发现了链霉素。而这是从十万份土壤样品中经大规模抗菌筛选找出来的。因此当时认为，只要通过大量筛选，就会找到特效的药物。1946年Gilman和Philips报道用氮芥治疗恶性淋巴瘤，取得短暂的、肿瘤明显缩小的效果。1947年Farber等应用氨基蝶呤治疗儿童急性白血病取得疗效。为进一步研究作用更强、毒性作用较小的叶酸拮抗药，Seeger等于1949年合成了甲氨蝶呤，它不仅对急性白血病有明显疗效，而且随后的研究证明，可治愈某些恶性滋养细胞肿瘤。20世纪40年代的研究可以被认为是现代肿瘤化

17 悉达多·穆克吉. 众病之王：癌症传. 北京：中信出版社，2013，91.

疗的开端。从此，可用于肿瘤化疗的药物不断增多，药物作用机制及相关基础研究也逐步深入。

发达国家首先开始了这项工作，投入了大量的财力与智力，取得一些颇有希望的进展。以美国为例，1937 年哈佛大学的癌症研究室即与原国立卫生研究所的药理实验室合并成立国立卫生研究院癌症研究所。二战期间，他们即用 S37 小鼠实验和分离细菌性多糖类物质，而后扩展到对合成化合物和植物提取物的研究。20 世纪 40 年代，美国土壤微生物学家塞尔曼·瓦克斯曼（Selman Waksman）对土壤微生物进行了系统研究，并提纯出一系列不同种类的抗生素。其中有一种名为放线菌的杆状微生物中提取的抗生素，经过实验室动物研究，发现可以用作抗肿瘤药物，对小鼠的白血病、淋巴瘤以及乳腺癌有疗效。

到 50 年代初期，科学家们已对三千多种化合物和几百种植物提取物做过了试验，可是由于没有相应的临床验证工作，到 1953 年大部分筛选工作就都停下来了。不过战胜癌症的重要意义使这个领域的研究很快得到继续，在国会的关注下，美国从 1953 年 7 月又开始了全国性的化疗计划，目的在于联络全国大的研究所和医学院校中的研究及临床试验力量。经过 1 年的工作，又于 1954 年 7 月成立了一个以 Sidney Farber 为主席的隶属全国癌症顾问委员会的癌化疗委员会，决定进一步加强所际合作和对癌症研究的财政资助。在此基础上，1955 年 4 月成立了全国癌化疗服务中心（Cancer Chemotherapy National Service Center，CCNSC），其职责是直接负责研究合同的实施，协调情报交换工作，促进科学家的自愿协作并为参加协作的科学家提供技术和其他服务。CCNSC 成了国立癌症研究所（National Cancer Institute，NCI）的一部分，并且立即制订了第一个抗癌药物筛选规程用以指导和规范参加协作研究的所有研究单位的筛选工作[18]。

显然，当时中国的抗肿瘤抗生素研究一方面是生逢其时，正处于世界医学科学技术发展的前沿位置，对于中国人民的健康事业的意义也是非常重要的，党和人民政府也给予了高度的重视。另一方面，我国与世界先进科学技术水平的差距仍然是很大的，要弥补这个差距就需要甄永苏这一代新中国医学工作者付出重大的努力。他们在中国总体发展水平与发达国家存在着巨大差距，基础经济结构、工业体系配套能力、生产率、技术创新能力、管理水平都远远落后情况下，所取得的一系列成就是弥足珍贵的。

第三节　独辟蹊径的抗生素物质筛选法

从 1958 年起，甄永苏带领中国医学科学院抗菌素研究所肿瘤任务组的同事们，在所长张为申教授的领导下，承担寻找抗肿瘤抗生素的任务，开始了系统性的、大量的抗肿瘤抗生素筛选工作。时在中国医学科学院实验医学研究所任职的王蘅文教授每周安排半天前来指导有关肿瘤实验研究工作，而且一旦有了什么难题，还可以随时去向杨简教授求教。这群青年医学科研工作者们，兴高采烈地投入到寻找治疗癌症的天然来源生物药物的医学战争中。

自 20 世纪 50 年代以来，发现新抗癌药物主要通过大量筛选化学合成药物与天然药物。甄永苏任务组的研究方向是抗肿瘤抗生素的发现与研发。发现新药的基本途径是筛选，要对各种各样的化合物或天然来源的样品进行检测，

18　苏怀德主编. 药物研究史选讲. 北京：北京医科大学中国协和医科大学联合出版社，1992，52.

挑选有效的，排除无效的。从表面上看药物筛选是一项很常规的工作，有一定的技术方法和工作流程，不过事情可没有那么简单。寻找抗肿瘤抗生素，是一项可以用“大海捞针”来形容的艰巨工作，因为科学家面对的是具有如此生物多样性的自然界，要从大量未知的样品中发现有应用前景的新药难度极大，实质上药物筛选是一项十分复杂且创新性很强的工作。药物筛选需要新的研究思路、新的策略与新的技术方法。

简单来说，抗肿瘤抗生素是微生物产生的活性物质，是微生物来源的抗肿瘤物质，必须要通过特定的模型和方法进行筛选或对已知化合物进行检测。微生物广泛存在于自然界。据报道，在1g土壤中可能有1亿个细菌、1000万个放线菌、100万个真菌、50万个藻类。微生物的种类繁多，其代谢产物更多，近40年来，文献报道的来源于微生物的抗生素超过4300种。我国出版的《抗生素生物理化特性》一书，把目前已经确立结构的抗生素分为32类，说明抗生素的结构也是多种多样的。但是这些抗生素的产生仅占微生物种属的小部分，大多数的微生物还未经筛选，对它们进行研究，可能发现的代谢产物必将大大增加。还应指出，同一种微生物可以产生各种不同的抗生素，这些情况表明微生物是提供各种各样生物活性物质的宝库，其潜力是无限的。丰富多彩的天然产物及其改造得到的同系物为寻找新的有效的抗肿瘤药物提供了可靠的物质基础。

微生物产生的活性物质不仅在化学结构而且在生物活性上都显示高度的多样性。利用各种筛选模型进行检测，不仅可以发现新的化合物，也可以发现某些已知化合物具有未知的生物活性。因此，发现新的抗肿瘤物质，需要做一系列的工作：扩大生产菌的来源，改进分离产生菌的条件，筛选比较少见的微生物；阐明抗生素生物合成与质体遗传机制等。微生物代谢产物化学结构的类型远远超过高等植物来源的天然化合物，因此加速抗生素筛选，必须利用现代技术设备分离发酵液中微量的活性物质或分离复合物中各种组分，准确鉴别是哪一类物质，即微、快、准的早期鉴别方法；研究改进筛选模型，建立相应的模型来筛选治疗特定器官肿瘤（如肝癌、食管癌）的药物，抗肿瘤转移以及具有增效作用的药物[19]。

当时，甄永苏研究组的同志们都正当青年，风华正茂，对于这些困难没有放在心上，他们非常喜欢朝气蓬勃的甄永苏。多年以后，蔡年生研究员回忆道："那时建所不久，只有几十名科技人员，且多是年轻人。印象中他为人谦和、沉稳，是年轻人中较长的青年才俊。大家习惯称呼从医学系毕业来的为大夫，于是我们叫了几十年的甄大夫。甄大夫是优秀的，所以也是会被机会眷顾的。"

不过，当时甄永苏研究组的年轻人对于起初还没有充分地认识到的困难，很快就有了深刻的感受。须知 1958 年可是新中国发展史上的一个特殊年份——"大跃进"的年代。甄永苏他们刚开始的时候，大家的热情都很高，觉得很快就能找到有效的药物来，为国家建设做出大的贡献。经历了 3 年多没日没夜的工作，他们每天都要面对好多大筐的试管，一个试管里培养着一个菌种。虽然先后发现放线菌 4936、8771、11007 号有杀灭癌细胞的作用，但是都经不起进一步的检验，最终还是放弃了。

在此期间，又遇到了雪上加霜的 3 年自然灾害，食品供应紧张，粮食不够吃，没有什么副食，大家都是营养不

---

19 甄永苏主编. 抗肿瘤药物研究与开发. 北京：化学工业出版社，2004，517-518.

良，头脑也冷静下来了，感觉到单纯靠拼检测样品数量是不成的，必须脚踏实地，量力而行。

事实上，甄永苏研究组所进行的癌症药物筛选工作的艰巨性，是世界医学界面临的共同的问题。当时许多国家在这项工作上都投入了大量人力、物力，美国的全国癌症化疗服务中心自成立后就组建了庞大的药物筛选机构，每年过筛的化合物约7000~8000种，植物成分4000多种，微生物发酵成分3000多种，用了近30年筛选了约50万种样品，仅找到了50多种抗癌物质供临床使用，命中率仅为万分之一左右[20]。

甄永苏是这样回忆那段难忘的日子："从微生物产物中寻找抗肿瘤活性物质是极具挑战性的课题。自然界微生物种类繁多，微生物的代谢产物极其丰富多样，是发掘新药的宝库。我当时曾充满期望与幻想，但愿很快就能发现一种新型有效的抗肿瘤抗生素。在1958年"大跃进"浪潮的影响下，我和同事们曾干劲十足地进行工作，但也曾出现过狂热与盲目性，提出过不切合实际的指标和口号：'外国人从1万个样品中筛选出1个抗肿瘤抗生素，我们要苦干10万个样品'。当时以为只靠超常规的加大筛选数量，就能获得更多更好的抗肿瘤抗生素。'筛选10万个样品'，这在当时是极为繁重的任务，为了完成'筛选指标'，我们研究组人员'大干，快干'不知经历了多少个日日夜夜，也不知在实验室度过了多少个假日，但很遗憾没能发现1个有应用前景的抗肿瘤抗生素。初期工作上的挫折使我认识到，仅凭热情与干劲不能做好科研工作。筛选工作中的数量固然重要，但单靠拼数量不能达到发现新药的预期

20　苏怀德主编．药物研究史选讲．北京：北京医科大学中国协和医科大学联合出版社，1992，49．

目标。面对困难和思想上的压力，不应心灰意冷，不应失去信心，需要下工夫，更多的钻研与思考[21]。”

1959年，甄永苏带领研究组同事们继续开展菌种发酵液样品的大量筛选工作，并依据在苏联参观医学研究所的整理资料，与胥彬合作在《药学文摘》发表文章：“筛选抗癌药物的体内方法”。同年抗菌素研究所举办首届学术年会。在王蘅文指导下，甄永苏和研究组的李嗣英、杨秋泓、陈惠民、凌丽华、袁昭郁等同事提交关于筛选方法和抗肿瘤抗生素研究报告，报告题目“抗肿瘤抗生素8771的抗肿瘤作用”，这一研究虽未能最终成功，但是为下一步的研究积累了必要的经验。

进入60年代后，人们的物质生活是艰难的，但革命热情并未消退。甄永苏工作尽管很繁忙，但为了更加详细地了解试验工作的各个环节，他还是积极参加本单位最基本的劳动工作。1960年3月，甄永苏到中国医学科学院南院动物房去劳动锻炼了1个月，从事实验动物的饲养工作。他并不认为这是没有什么意义的体力劳动，而是把它当作医学科学研究中不可缺少的一项。学问出于事事认真，甄永苏在动物房饲养工作中，对自己的要求非常严格，每天上班前一定要换好工作服、工作帽，用来苏水洗手然后开始工作，严格按照操作程序，喂养实验动物的饲料均要定时、定量，一丝不苟。实验动物看起来可爱，喂养它们可是又脏又累的工作，而且如果不能保持清洁的环境的话，很容易发生传染病而造成严重的损失。早年的生活磨难让甄永苏对此举重若轻，不介意工作的脏和累，从来不等别人来分配，也不计较个人时间，而总是主动开展工作，找

---

21 甄永苏. 科研历程回顾. 生理科学进展，2003，34（2）：99.

到自己应该做的事情，工作不完不离开自己的岗位。他每周都要在动物房大搞清洁，用来苏水洗刷木架子、窗台、暖气片，用高锰酸钾清洗消毒玻璃器具，衣装整洁、清秀挺拔的甄永苏劳碌其间，实验动物的家园变得清洁干净。工作之余，他与动物房的工人同志们的关系也很融洽，抽空做一做保健体操，在业务会上也经常提些建议。工作中，甄永苏也有了很多感悟，几年来，自己一直使用这些实验动物，对小白鼠们的特性的了解多数是从书本上来的，而在实际的准备食料、饲养、消毒工作中，就感到对于实验的繁殖和饲养还有很多实际知识是欠缺的，看来在基础知识方面还是有必要找到欠缺的地方加以夯实的。

有名言道："机遇偏爱有准备的头脑"，既然还没有遇到机遇，不如好好准备自己的头脑。甄永苏总结自己的科研经验，体会到科技创新要有扎实的理论基础，需要广博的基础理论和深入的专业知识，需要细心的观察与丰富的科学实践。没有科学基础的"标新立异"，到头来只是空想或只不过是旧物新包装。

甄永苏认识到研究思路与技术方法创新是科研工作的关键，而这都需要认真学习癌症及抗癌药物理论。1962年，在党中央提出的"调整、巩固、充实、提高"八字方针的正确指导下，科研工作也步入正轨。这一年，甄永苏与黄大滨、庄锡亮、陈慧贞、陈惠民、许鸿章、王诚德、胡继兰等同事一起发表了抗肿瘤抗生素 11007 号的研究成果，但可惜没能成功用于临床治疗。甄永苏决心要苦练学术功底，另辟蹊径，他得到张为申所长的支持，暂停自己的筛选工作，静下心来好好充实自己的知识。当年下半年，他到中国医学科学院协和医院病理系学习研究肿瘤病理。

研究抗癌药物必须要明确癌症发生与发展的病理学进

程。60 年代正是肿瘤研究由细胞水平进入到分子水平的关键时期。肿瘤发病学、分子肿瘤学相继诞生。医学家们认识到，从细胞癌变开始，肿瘤的发展要经历多个阶段。这一发展过程，如不经治疗加以控制，称为肿瘤的自然病程。研究与阐明这一过程及其相关的发表机制，对于研制有效的药物是十分重要的。肿瘤的发展过程有两个突出特点，其一是多阶段性，其中某些主要阶段具有明显的特征；其二是自然病程的长短因肿瘤的不同而异，但往往有一个持续多年的潜伏期，在此期间肿瘤只在细胞和显微镜下才可检测的水平上发展。

失控、失衡、进行性、扩散性是肿瘤生长的基本特征。肿瘤细胞的失控性增殖是肿瘤生长的细胞学基础。细胞增殖失控表现在肿瘤具有相对自主性生长潜能，对于保持机体完整性与稳态的调节机制及相关信号失去反应性。因此，在肿瘤治疗中，针对这种具有不受控制潜能的细胞进行杀伤是必要的。这是药物干预的理论基础。

从肿瘤自然病程来看，进入演进阶段的癌症是具有明确特征的、有临床意义的癌症。从药物干预的角度来看，作用于启动阶段和促进阶段的物质属于肿瘤预防药物；作用于演进阶段的物质属于肿瘤治疗药物[22]。

癌症的这些病理学性质，决定了要搞清它的发病机制，就要多看、多研究相关的病理标本。甄永苏在病理系进修的重点，是研究北京协和医院病案室历年的肿瘤病历资料和标本，这是协和“三宝”的第三宝。北京协和医院的病案管理在国内外都享有盛誉，这里收藏了世界上最丰富完整的病案和大量标本。更为重要的是，协和病案室在数十

22　邵荣光，甄永苏主编. 抗体药物研究与应用. 北京：人民卫生出版社，2013.

年的发展中，创立了一套非常完善的病案管理方法，为医疗、教学、科研工作积累了丰富的病案资料，促进了医、教、研工作的开展。自1921年1月建立协和第一份病案以来，到甄永苏调阅病案时，这里已经有了近200万册病案[23]。协和病案资料的收集和贮存都服务于科研与医疗的需要，科学管理，尽可能达到及时、准确、完整地提供病案资料。包括了整体制的集中统一管理的病案系统；统一编号的管理方法；建立病人的姓名索引；建立疾病分类索引；建立手术分类索引等。

协和病案室这套科学管理方法，对协和的科研和医务人员的成长非常有利。他们通过复习和分析病案所提供的大量一手资料，结合自己的实践经验，不断总结，提高认识，再把提高了的认识上升到理论，用以进一步指导医学实践。甄永苏在这里研读了大量病案，并对各种肿瘤病理标本进行研究，还经常参加协和医学院著名病理学家胡正详教授的病理讨论会，大大提高了自己的病理学和病理解剖学理论水平。甄永苏对胡正详教授所代表的协和学术传统非常敬佩："胡正详教授他代表协和的一种传统，一个是面很广，另外也很深入，所以这点我们是要学习的，其实他们这些老教授基本上都有这个特点，当谈到什么疾病时，他们了解的面很广；但是具体到某一个病例的时候，他们的观察很深。在协和，非常重视深入观察，别人可能没有注意的，他们却看到了。当拿到一个病理切片检查时，不仅要看最主要的地方，而且对于看似不是主要的地方也能看到，并加以综合考虑[24]。"

在协和医学院病理系进修半年后，甄永苏觉得还有必

23 马家润. 几度沧桑话病案，《话说老协和》. 北京：中国文史出版社，第391页。
24 甄永苏访谈整理稿，2015年6月8日。

要对药理学也做进一步的学习。他向张为申所长提出了申请，希望到中国医学科学院系统的药物研究所进修药理学。张为申给予他很大支持，同时，中国医学科学院对于这种横向交流也是支持的，经与药物所领导协调，批准甄永苏自 1963 年起到药物所从事抗肿瘤药物药理研究。

1963~1964 年，甄永苏在药物所参加了黄量教授主持的 N-甲酰溶肉瘤素研究工作，该药是我国首先研究成功的抗肿瘤新药。项目负责人黄量教授是有机化学家和药物化学家，毕业于美国康奈尔大学，获得博士学位。1956 年回国，在中国医学科学院药物所参加工作。1958 年，她带领课题组从我国传统药用植物萝芙木中提取出“利血平”，研制出我国首个降压药物“降压灵”。1959 年，她开始从事抗肿瘤药物的研究。黄量回国以后几十年如一日，孜孜不倦地工作在科研第一线，为从事药物研究，她自学了药物化学、生物化学、药理等学科的理论，承担过抗高血压、抗肿瘤、计划生育等药物的研究。她还定期去肿瘤医院访问病人，以了解肿瘤化疗的状况与效果。她十分注重学科的发展，经常提出寻找新药的新思路和新设想，并亲自参加药物临床试验等实践活动，因而取得了多个开创性的成果。新中国建立初期，我国的抗肿瘤合成新药主要集中在对细胞毒烷化剂氮芥类化合物的研究上。甄永苏与黄量在学术领域的合作持续了很多年。

此外，当时该所还有梁晓天、宋振玉等杰出药物学家在开展研究工作。梁晓天是我国药物化学家。1952 年，他毕业于美国西雅图华盛顿大学，获得博士学位。当时美国政府阻挠中国留学生回国，无奈之下他只好到哈佛大学做博士后研究员，师从 P. D. Bartlett 教授，从事反应动力学及反应机制的研究。1954 年梁晓天回国，到中央卫生研究院药学系工作。他在核磁共振（氢谱）的解析方面造诣颇深，特别是简化了ABC和AA′BB′系统的解析方法，并编著了《核磁共振高分辨氢谱的解析和应用》，为推广应用该技术做出了重要贡献。他率先应用各种谱学技术测定天然有机化合物的分子结构，是中国应用现代方法测定天然有机化合物分子结构的先驱者。梁晓天有渊博的有机化学和药物化学知识，对于中国传统药学也非常重视，他曾经对中草药中提取分离的有效化学成分的化学结构进行测定研究，以此为先导化合物设计新药。他在中草药化学成分的结构测定、波谱解析、有机化学反应等多个领域做出了卓越的贡献。梁晓天主持发明的鹤草酚、川楝素、萱草根素等天然药物化学研究都获得过国家级奖励。他还研制成功了鱼腥草素、穿心莲等抗菌、消炎新药。他在这一方面的研究，对于甄永苏后来的研究工作有一定的启发作用。

宋振玉是我国著名药理学家，在我国最早开展了药酶研究工作，指导研究了抗肝炎药物联苯双酯的代谢，并对体内转化途径作了深入探讨。他毕业于燕京大学化学系，毕业后在北京大学医学院工作。1948年，美籍华裔药理学家梁栋才（E. L. Way）出于爱国愿望，想培养一名中国研究生，经燕京大学理学院院长推荐，宋振玉被梁先生选中。这年8月，宋振玉来到美国乔治华盛顿大学医学院药理系，在梁先生指导下进行吗啡类药物镇痛和耐受性机制的研究。在此期间，他发奋学习，补习了生物化学、生理学和微生物学等基础医学课程。在研究工作中，他从代谢和内分泌的角度探讨美沙酮、哌替啶等药物镇痛和耐受机制。当时，药物代谢还未形成独立学科，他凭借自己的化学基础，建立了一系列测定动物组织内药物浓度的方法，这些工作为他后来在国内开创药物代谢的研究奠定了坚实的基础。他于 1949 年获乔治华盛顿大学硕士学位。1952 年，又在加州大学旧金山分校获博士学位，并留校工作。1954 年，他放弃了在美优越的工作环境，返回祖国。宋振玉回国后，原想继续进行吗啡类药物的研究，但当时我国正在开展血吸虫病的防治工作，他自觉地将研究课题转向了血防药物。他领导工作人员开展了锑剂毒性和吸收、分布、排泄的研究，于 1957 年，发表了论文《三价葡萄糖酸锑铵和酒石酸锑钾的毒性及注射后锑的吸收、分布和排泄》，这是我国药物代谢研究领域的第一篇论文。此外，在 20 世纪 50 年代中期，为了研究我国珍贵药材人参的药理作用，宋振玉领导工作人员建立动物模型，证明了人参对应激反应的保护作用及与肾上腺垂体系统的关系。60 年代，为了寻找治疗关节炎的药物，他领导工作人员建立抗炎动物模型，筛选出一批有效的中草药。为了防治放射性损害的需要，他领导科研人员建立放射病动物模型，筛选和研究了有关药物。宋振玉教授关心甄永苏的研究工作，对研究论文发表提过不少很好的建议。

甄永苏与这些药物学家的共事和此后终生的友谊，对于他的研究工作有很大的促进作用，既丰富了知识，又开阔了思路，改进了方法。药物所的这段进修经历为甄永苏此后的工作迅速取得突破奠定了基础。

在药物所进修期间，甄永苏与同事合作，先后完成了《N-甲酰溶肉瘤素对大鼠吉田肉瘤及宿主器官影响的病理形态学研究》、《5 种抗肿瘤药物对小鼠各种组织损害作用的比较》、《N-甲酰溶肉瘤素对小鼠精原细胞的损害作用》3 篇文章，探讨了肿瘤细胞对药物的敏感性问题，这是抗肿瘤药物取得疗效的重要基础。人体恶性肿瘤按其发生部位与组织来源考虑，存在众多的类型，不同类型的肿瘤对抗肿瘤药物的敏感性有差别，甚至是重大的差别。

甄永苏在与其老师杨简合作的《5 种抗肿瘤药物对小鼠各种组织损害作用的比较》论文中，用计算细胞数的方法，比较了 5 种抗肿瘤药物对小鼠正常组织的损害作用，注意到不同的抗肿瘤药物，对正常组织的损害作用是有差别的。他指出，当时使用的抗肿瘤药物对动物的某些正常组织有损害作用，而迅速繁殖的组织最为敏感。病变主要见于骨髓、淋巴结、胸腺、脾脏、大肠、小肠和睾丸等器官。同一种组织在不同药物作用下，其病变的发展速度是不同的；对于同一种药物，各种组织病变的发展速度也不同。这里面值得注意的是，他关注到了睾丸精原细胞对抗肿瘤药物反应的特征。甄永苏在这篇论文中用到的计算细胞数的方法，观察药物对实验动物器官引起的损害作用并进行定量比较，绘制出详细统计列表。在此基础上提出了观察药物作用的“抗组织谱”法。

《N-甲酰溶肉瘤素对小鼠精原细胞的损害作用》一文谈论了药物对精原细胞的损害作用。N-甲酰溶肉瘤素（以下简称氮甲）是中国医学科学院药物研究所（以下简称药物所）在 1958 年开始研究的，经设计、合成、体外和动物肿瘤模型筛选，证明是具有选择性作用的烷化剂，经临床前和临床研究，表明对精原细胞瘤有特异性抑制作用。

甄永苏在该论文中着重研究了抗肿瘤药物对小鼠精原细胞的损害作用，实验结果表明，在造精细胞系列中，精原细胞对 N-甲酰溶肉瘤素最为敏感，表现为细胞变性、核分裂消失、细胞数极度减少。在各型精原细胞中，又以 B 型更为敏感。这篇文章为此后建立“精原细胞法”并用于筛选提供了理论基础。

1965年，甄永苏回到抗菌素研究所，继续开展抗肿瘤抗生素筛选研究。他总结两年半进修工作经验，经过反复思考，得出结论，工欲善其事，必先利其器，要有研究抗肿瘤抗生素的新思路，首先要有新的筛选方法。甄永苏认为，抗肿瘤药物研究的趋势表明，从天然产物中寻找新药仍然是筛选工作的一个重要方面。研究抗肿瘤抗生素需要采用适宜的初筛方法，因为筛选的样品不是现成的化合物，而是产生菌的发酵液，其特点是成分复杂、活性成分含量低、含量的波动大。用动物移植瘤体内试验法筛选往往容易漏筛或结果的重现性差，而使用敏感、可靠的初筛方法则有可能检出其中有效物质。

因此，对筛选方法的要求很高，既要可靠性，能发现潜在的有效物质；又要简便性，能用于筛选大量的发酵液样品。他抓住筛选方法这一关键环节，力求有所改进和创新。他广泛查阅国外文献，在筛选中既使用已报道的筛选方法，又不断探索建立新的筛选模型与方法。

当时他们在抗肿瘤抗生素筛选工作中，使用的是国外文献报道的一种方法：亚甲蓝还原法，但是效果很差，劳而无功。甄永苏通过观察比较多种抗肿瘤药物对实验动物各种组织细胞的影响，一个新的思路逐渐形成：既然不同的抗肿瘤药物对动物的不同组织细胞有不同的影响，那么，能否利用这种差异来寻找新的抗肿瘤药物呢？经过几个月的实验研究与观察，他建立了可用于筛选发酵液的抗组织谱法[25]。该方法灵敏可靠，在光辉霉素、放线菌素和棘霉素的筛选中起到了重要作用，也为后来甄永苏创建精原细胞法提供了实践经验。

---

25 李电东. 肿瘤克星 治学典范. 李立明主编. 协和精英：人物荟萃一（下册）. 北京：中国协和医科大学出版社，2012，555

之后，他在抗组织谱法基础上，注意到各种抗肿瘤药物对分裂旺盛的细胞有不同程度的抑制作用，同时也注意到动物精子生成过程是观察药物对细胞分裂特异性作用的理想模型。精子生成过程包括四个阶段，即精原细胞、精母细胞、精子细胞和精子。精原细胞显示高度繁殖，有丝分裂旺盛，其他三种细胞则处于分化而不繁殖状态。甄永苏利用这一差别又创建一种更有效的方法：精原细胞法。

精原细胞法是抗肿瘤药物的初筛方法。当时，筛选抗肿瘤药物主要使用动物移植性肿瘤的体内试验。这种模型和方法用于抗肿瘤抗生素的初筛有一定的缺点。因为筛选抗生素首先要检查的样品是发酵液，它的特点是成分复杂，活性成分的含量往往很低，波动也很大，直接用动物移植瘤体内试验法筛选发酵液容易漏筛，或试验结果的可重复性差。因此，在寻找抗肿瘤抗生素工作中迫切需要一些可靠、敏感、简便的初筛方法。

评价一种初筛方法，最重要的是它的可靠性和敏感性。前者指筛选结果与药物抗肿瘤作用的相关性，在多大程度上能预示测试药物的抗肿瘤活性；后者指能否测出含量很低的活性物质。一种好的筛选方法应该能够比较准确地反映药物的活性，挑选出临床有效的物质，排除其他无效物质，而假阴性率（漏掉真正有效的物质）和假阳性率（误选出无效的物质）比较低。同时，好的筛选方法还需要具有较高的敏感性，即用量小，在低浓度下即可显示结果，这对于筛选抗生素等天然产物尤为重要。初筛的发酵液中活性物质含量低，在分离提纯中得到的有效物质也很少，对于一般常用的动物肿瘤体内试验法，由于它需要样品量大和敏感性低而带来不少困难。

当时在临床有效的抗肿瘤药物，尽管其化学结构和来源多种多样，但绝大多数具有共同点，即对分裂旺盛的细胞有较强的抑制作用，选择性抑制核酸的合成。睾丸的造精细胞是动物体内繁殖极为旺盛的细胞，因此对于抗肿瘤药物也较为敏感。造精的过程大致分为：精原细胞、精母细胞、精子细胞、精子。在造精细胞系列中，精原细胞的特点是有丝分裂多、DNA 合成旺盛、细胞迅速繁殖。在给药动物，往往可见精原细胞明显减少或消失，而其他阶段的造精细胞却无形态变化，因此，对于抗肿瘤药物的作用，精原细胞最为敏感。

甄永苏用当时比较常用的诱导噬菌体法和抗噬菌体法来与精原细胞法做比较，试验了 107 种化合物，发现在造精细胞系列中，精原细胞对于抗肿瘤药物极为敏感，在给药动物往往可见精原细胞明显减少或消失，而其他阶段的造精细胞（精母细胞、精子细胞、精子）却无形态变化。如果直接把药物注入睾丸内，则上述现象更具普遍性。甄永苏以此特点作为建立精原细胞法的依据。

实验的具体流程是使用体重 22~28g 雄性小白鼠，分别于两侧睾丸内注射试验样品的溶液 0.03~0.05ml，每一样品的每一浓度用 2 只动物。注射后 3 天处死动物，取睾丸固定于 Bouin 液，石蜡包埋切片，苏木精-伊红染色，显微镜下观察结果。

结果显示，在 34 种已知有抗肿瘤作用的药物中，精原细胞法显示阳性的有 31 种；10 种抗肿瘤抗生素的检测结果，精原细胞法显示阳性的有 9 种；8 种抗肿瘤植物药均为阳性，阳性率都高于诱导噬菌体法和抗噬菌体法。在 73 种非抗肿瘤药物及其他化合物中，精原细胞法全部为阴性，比其他两种筛选方法的符合率更高。实验结果表明，作为一种筛选方法，精原细胞法能准确地预示药物的抗肿瘤活性，假阳性和假阴性少[26]。

经过大量实验，证明精原细胞法的有效性。当然，精原细胞法的发现是离不开课题组的合作努力的。特别是研究室的薛玉川老师，她负责制作组织切片。她制作的组织切片质量非常好，因而能保证甄永苏在实验中准确观察精原细胞的变化。抗组织谱法、精原细胞法的先后创立，使得甄永苏和同事们手中终于有了称手的武器，就像穿出重重迷雾的航船，光辉就在前方。

第四节 光辉霉素的研制

1966年，中国爆发了“文化大革命”，这场浩劫对甄永苏的科研工作造成了很大冲击。但是甄永苏没有因此而停止自己的科研步伐。蔡年生教授是甄永苏科研团队的主要成员，一起共事几十年，对甄永苏的科研工作非常了解。她后来在回忆中感叹道：我们所处的时代经历了多少社会的变迁、学术界的起落？不幸者夭折了，悲观者动摇甚或放弃了，不少人至少随之荒芜了一二十年的时光。但是甄大夫背负着强烈的使命感与责任心，坚守目标从未放松。在我们研究所相对宽松、平稳的环境里，始终带领他的团队专注科研，开拓创新。新的抗肿瘤抗生素筛选模型精原细胞法的研究建立及其大量筛选；抗肿瘤抗生素光辉霉素、争光霉素、平阳霉素等的研究、投产，都是在那段风雨岁月里进行并完成的[27]。

甄永苏后来回忆道：“1966年‘文化大革命’开始，

---

26 甄永苏，赵仪英，薛玉川，等. 抗肿瘤药物初筛方法——精原细胞法和噬菌体法的比较研究. 科学通报，1979，08：4-6.

27 蔡年生. 甄永苏院士——我们的良师益友. //甄永苏主编. 甄永苏院士集. 北京：人民军医出版社，2014，573.

到1969年这段时间，从整体上来说，做科研工作受到比较大的影响。客观而言，当时科研的环境不是很有利，特别是从事科研工作的负责人，受到了比较大的冲击。但是，具体到抗菌素研究所的情况，我认为应该说还是做了一定的科研工作。那时，大家有一个目标，就是要解决国家需要的实际问题，要找出药物来解决问题。在这个情况下，对做科研工作往往有一种片面的看法，以为是为了个人去做，要发表文章，要拿到课题。但事实上，那个时候根本没有发表文章的机会，也谈不到个人有提升的可能，什么都没有。当时，中国医学科学院的工作人员搞科研工作的都有一个想法，希望能够为国家解决实际问题，就是说要找出一个新药来，找出一个有效的药来。这是当时真实的想法。”

甄永苏之所以能在大环境不利的条件下有所成就，是与抗菌素研究所这个环境离不开的，跟外面比，研究所里相对比较稳定。当时的领导认为，从事科研工作的人，一定要做出一些成绩来，不然的话怎么为人民服务？甄永苏的心境很平和，他认定，第一，工作还是要做的；第二，国外发展的情况也应该了解。但是在那个时候，一般认为不一定需要了解国外的情况。因为那时强调突出政治，谈太多国外的情况，就有跟着国外爬行之嫌。不过，好在中国医学科学院图书馆有一个有利的条件，就是医学和药学的杂志在全国是最多的，即使是在那个非常时期，甄永苏也是能够从中获得很多有用的资料的。

不断充实自己，向师友学习，是甄永苏事业取得进步的源泉。即便是在“文革”期间，他也没有忘记向老专家学习。1971年，他曾经参加中国医学科学院肿瘤医院医疗小分队，到河南林县（现为林州市）进行关于食管癌的调研工作。他依然找机会向杨简老师和其他专家学习交流经验。

林县曾经是食管癌高发的地区，也是杨简教授及中国医学科学院研究团队在癌症研究中取得过杰出成就的地方。1964年，杨简教授曾经两次率领中国医学科学院的研究人员，到林县和辉县、平顺等5个县，对当地食管癌的发病因素进行广泛的人群对比调查。在杨简带领下，中国医学科学院科研团队在掌握了大量科学数据的前提下，提出了林县食管癌的发病原因与饮食的粗、热、快、蹲食等不良饮食习惯及喜欢食用当地特有的腌制蔬菜食品有关。他们经过实验室验证，在我国首次提出了食管癌与霉菌的致病关系，对我国食管癌研究起到了引领作用。“文革”时期，杨简老师和甄永苏曾经都“下放”在林县，甄永苏经常去拜访杨简，一起探讨科研问题，从中受益良多。

勤奋好学，探索创新，使得甄永苏即使是在“文革”这样特殊社会环境下，仍然取得了优异的科研成就。甄永苏应用自己的筛选方法，终于实现了突破，在筛选中，与同事们一起发现了与国外抗肿瘤药物光神霉素具有同样效果的物质，研制出光辉霉素。

1966年，中国医学科学院抗菌素研究所甄永苏主持的研究协作组继续协调攻关，课题组中胡继兰负责菌种工作，王南金负责化学工作，王诚德负责药理工作。研究组从我国山东省土壤中分离出放线菌684号菌株，该发酵液样品用新建立的“抗组织谱”筛选为阳性。经分离纯化和理化性质研究表明，684号菌株产生的活性成分与国外报道的抗肿瘤抗生素光神霉素（Mith Mithramycin）基本相同，与日本出品的Chromomyicn A3及苏联制造Olivomyicn是同一类物质。该抗肿瘤抗生素被命名为光辉霉素。

光辉霉素的抗癌机制当时尚不十分清楚，可能是抑制核糖核酸的合成。国外临床报告，本品具有中等的抗癌谱，其中包括成胶质细胞瘤、肾上腺瘤、成骨肉瘤和甲状腺腺癌，但最显著的抗癌效果表现于睾丸胚胎癌的长期缓解，有的达 7 年之久。对于播散性胚胎癌也有确实的效果。根据中国医学科学院抗菌素研究所的动物实验资料，国内产品的毒性较国外产品为低。

1967 年，甄永苏主持的研究组开始光辉霉素的临床前研究，很快就取得了进展。不久，中国医学科学院抗菌素研究所经制备工艺研究及临床前药效学和药理毒理研究后，1969 年与上海第四制药厂合作进行开发，经中国医学科学院肿瘤医院等单位进行临床试验，于 1971 年通过鉴定投产。光辉霉素可用于治疗睾丸胚胎癌、神经胶质瘤及由于肿瘤骨转移导致的高钙血症。

当然，甄永苏的科研工作不可避免受到当时环境的影响，但是他以宽广的胸怀、坦荡的气度，从容应对。甄永苏回忆道：1968 年，我们所也是经历过一段波动，虽然也做业务工作，但碰到两个问题。

问题一：新的抗生素到底值不值得寻找。由于当时社会特定的历史原因，对于药物研究方向的认识有偏颇，曾有人质疑本研究所进行抗生素素研究的方向是否正确，提出要考虑转行研究中草药。甄永苏认为，中草药研究当然是要做的，事实上已有不少单位正在做。但要从本单位实际出发，不能一窝蜂地都去搞中草药。因为本所是专业的抗生素研究机构，科研工作的强项是抗生素；而且抗生素也是防病治病迫切需要的药物。所以应该把抗生素研究工作坚持下去。

问题二：抗肿瘤抗生素研究方向要不要改变。由于认识的片面性，有人认为研究抗肿瘤药物属于高、难、深的课题，是脱离实际的；应该去研究多发病，常见病。当时有一位来单位参观的人，听了甄永苏介绍光辉霉素的研究工作情况后，竟提出“你们应该讨论一下研究方向问题，为什么不去研究老慢支药物?”但是，甄永苏对自己从事研究工作的意义有比较明确的认识，恶性肿瘤严重威胁人民健康和生命，寻找与研制抗肿瘤抗生素，为治疗重大疾病提供有效药物，研究方向无疑是正确的。所以，甄永苏认为，科研工作必须要走自己的路，要坚持抗肿瘤抗生素研究。

蔡年生老师记得，在新建的以小鼠精原细胞法为主体的多种体内外筛选模型刚用于筛选不久的时候，在一次业务会上，一位生化专业的年轻人武断地说：“用精原细胞法能筛出什么东西？没有用!”当时一位负责菌种筛选的老专家则表示：“用精原细胞法筛选菌种发酵液，具有用量小、敏感性高等优点。你说精原细胞法不行，那你有好方法拿出来呀！在没有拿出更好的方法以前，我还得用这个方法筛。”面对这种情况，甄永苏显露出了他的深厚的素养与高尚的品格，无论当时在会上还是过后在会下，都没有对此说过任何不满的话。正所谓君子之道容人，有容乃大，实践是检验真理的唯一标准，光辉霉素的发现证明了甄永苏的科研思路与方法是正确的。

甄永苏也思考过，在“文革”期间，为什么很多像他这样的科研工作者依然要坚持自己的研究工作？虽然那时候不能发表论文，因为国内的学术期刊全都停刊了，也不能向国外的学术期刊投稿；职称评定全都终止了，谈不上晋级加薪，也没有任何资金。但是本单位不少科技人员仍然保持了工作热情，积极地开展研究工作，大家说干就干。

那么这个动力是从哪里来的呢？甄永苏从自身出发，认为主要有两点，一是科学探索的求知愿望，这是来自于他精神世界的内在动力；二是对国家和社会的责任感，作为一名科技人员，积极开展科学研究是自己的天职，是应尽的责任。正是这两点，使得他即使是在“文革”当时的不利环境中，依然能坚持自己的研究方向，力求在科研工作中取得新进展。

对此，蔡年生精辟地总结道：睿智、沉稳、宽厚是甄永苏的人品，他的品质、人格、道德、才智综合素质的修炼，使他事业成功顺理成章，自然天成！

第五节　争光霉素的研制

1969 年，周恩来总理向我国医药卫生界发出指示：“抗生素研究要有创新精神，要有一个突破”。这个指示给那些仍然坚持科研的医学工作者以极大的支持，甄永苏回忆道：周总理说的那两句话，对我们研究工作是非常大的鼓舞和支持。就是说抗生素要研究，特别是创新，那个时候就提到了创新。做科研必须有创新精神，抗生素也要不断有新品种，不然的话，耐药等这些问题你就不好解决。所以周恩来总理在那时候的这句话很重要，有了这句话之后，就没有人再质疑抗生素研究的意义。对于我们进行抗肿瘤抗生素研究，也就没有人再提质疑了。甄永苏和同事们受到周总理指示的鼓舞，下定决心，力求做到外国有的我们要有，外国没有的我们也要创新。

20 世纪 60 年代中期，日本学者梅泽滨夫发现了抗肿瘤抗生素博来霉素，其产生菌为轮枝链霉菌。它对皮肤、头颈部的鳞癌疗效明显，对脑瘤也有一定疗效。当时国外媒体把它宣传为“肿瘤化疗史上具有划时代意义的药物”。由于是备受关注的新型有效抗癌药物，因此十分昂贵。那时候，我国进口这种药，每支 15mg 粉针价格为 120 元，每一个疗程需要数千元，这对当时中国绝大多数患者家庭都是无法承受的巨额数目。为了尽快找到该抗生素的产生菌，进行研制，向我国患者提供国产的药物，甄永苏研究组夜以继日地努力工作，包括分离菌种、微生物发酵、化学提纯、理化性质鉴别和做一系列的动物实验。当时的研究组成员包括从事产生菌研究的赵仪英，从事抗生素化学研究的娄志贤，从事菌种发酵研究的顾灵玲，从事肿瘤实验治疗研究的李电东、薛玉川等。由于目标明确，大家通力合作，在约 3 个月的时间里，终于从我国浙江平阳土壤中分离的链霉菌找到了相关的产生菌，并确定其产生活性物质的抗肿瘤效果与博来霉素相同，定名为争光霉素。

为什么要这么命名呢？这还有一个故事，1969 年是中华人民共和国 20 周年国庆。甄永苏后来回忆道：我们从事科研的人员，围绕 20 周年国庆，能做点什么，有什么贡献？那时候大家都非常重视，都在讨论，我们刚好就在国庆节前，把这个东西找出来了。当时就起了一个名字，叫争光霉素。

争光霉素属于碱性水溶性糖肽类抗生素，是由 10 多种组分组成的复合物。各种组分具有共同的主核，彼此间的差别在于侧链（末端胺）不同。

对争光霉素各种组分的理化性质研究表明，其 A2、A5、B2 等组分与日本报道的博来霉素相应的组分相同。当时国外临床使用的博来霉素为多组分复合物，其中主要为 A2，其次为 B2，而 A5 只占 1%左右。这种复合物对头颈部鳞癌、恶性淋巴瘤等有一定的疗效，但是肺毒性较为多见，往往因此限制了它的使用[28]。

甄永苏研究组获得的争光霉素对实验动物的肿瘤和临床上皮肤、头颈部的鳞癌有较好的疗效，且没有一般抗癌药物所引起的白细胞减少，也不抑制机体免疫功能。

中国医学科学院抗菌素研究所经与生产单位合作于1970年研制成功争光霉素，进入临床验证，并于1971年通过鉴定投入生产。同年，甄永苏负责编写《争光霉素鉴定会资料》，用于在天津召开的争光霉素投产鉴定会。中国科学技术情报研究所出版了《科学技术成果报告——争光霉素的研究》。

1972年，甄永苏出席在河南林县举办的“全国中西医结合防治食管癌经验交流学习班”，在会上报告《抗肿瘤抗生素的临床应用——用争光霉素治疗食管癌》。

争光霉素在短期内研制成功并在临床应用，大大降低了治疗成本，为我国癌症患者提供了廉价有效的治疗药物。在当时我国所处的国际环境和进口新药极为昂贵的情况下，无疑是一项非常有意义的创新成就。

甄永苏总结争光霉素的研制经验：到了1971年底，争光霉素就投入使用了，两年多一点时间。这个工作，以及过去的其他工作，应该可以总结出一些经验。当科研工作的某些课题（而不是所有课题，探索性的课题不行），有了一个明确的目标，特别是可参照或者已经比较成熟的目标，你要去做的话，只要集中力量，应该是可以比较快完成的。当然，看一看我们国家早期的发展情况，这方面是很有经验的。对研究国外有的、比较好的药物，那很快就能够做出来。

---

28 甄永苏，李电东，林赴田，等. 争光霉素A5和争光霉素A2的抗肿瘤作用与毒性研究. 药物学报，1979，14（2）：84.

这里需要指出的是，甄永苏取得这些成就时的生活是很艰苦的。他们一家四口与另外一家人合住一个单元，两个大房间，中间一个厅，两家人分，一家一间房半个厅。后来，又有一户人家搬进了，住在了厅里。小小的一个单元居然住了三户人家，十几口人。而且，房间里没有供暖，需要自己烧煤球炉。陈妙兰后来回忆：有一次由于室内通风不好，发生了煤气中毒，甄永苏和孩子都昏迷了过去，幸亏她及时发现了险情，找人帮忙抢救，才救了甄永苏和孩子性命。至今，陈妙兰想起当年的情景仍然心有余悸。

对于自己在这段时期取得的成果，甄永苏做过如下总结：一方面，我觉得自己有一种求知向上的愿望，要把原来不会不懂的东西弄明白，把它学会，觉得这是一种很好的收获；另一方面，由于国家的长期培养，经过了那么长时间的磨炼，自己有一种责任感。对于我们科研人员来说，应知道你该做什么，而且要做出成绩来。

归纳这两点，一方面是要有这种求知的欲望，另一方面希望能够为社会发展、为国家尽一份责任，要有责任感。

正是这种无私奉献、百折不挠的科研精神，使得甄永苏和他课题组的各位同事能够在“文革”这种极端不利的社会环境下，依然坚持不懈地推进自己的研究工作，不计个人利害地履行医学工作者的责任，为了解除人民群众的病痛不懈前行。

第六节　平阳霉素的研究与开发

1973 年至 1978 年期间，甄永苏课题组在研制争光霉素的基础上，进一步研究开发了平阳霉素。这是在研究争光霉素质量问题的过程中确定的高效活性成分 A5，是我国科技人员自主研制并投入临床应用的抗肿瘤药物，是博来霉素类抗肿瘤抗生素的新品种。

研究表明，争光霉素制品是含有13种组分的复合物，主要组分为A2；而在生产过程中各种组分含量的变化导致该产品的主要组分变为A5。面对这一结果，通常的做法是研究如何恢复A2组分，这样就与日本产的博来霉素一致了。

但是，甄永苏和同事们考虑的却是，能不能抓住这一机会，把A5组分开发成为一种有别于博来霉素的抗肿瘤抗生素新品种呢？通过系列的实验研究发现，A5与A2有明显差别，主要表现为：①对小鼠食管癌的抑制作用，A5比A2疗效好，流式细胞仪检测发现两者均能阻断细胞于G2期，但A5比A2作用强；②采用微生物法和同位素标记法测定药物在小鼠食管癌组织中的浓度，A5比A2高；③采用生化实验、病理及电子显微镜观察发现对小鼠肺的损害作用，A5比A2轻；④对小鼠的急性毒性，A5比A2低；⑤A5对多种移植性肿瘤具有明显的抑制作用，抑制率90%左右。

甄永苏注意到，肺毒性是博来霉素类药物的主要毒性作用，如能开发一种肺毒性较低的药物，将有重大的意义。实验已经显示，A5组分的肺毒性较博来霉素低，这为开发A5组分提供了重要的依据。通过对A5组分理化性质、制备工艺、质控方法、抗癌作用、药理毒理和临床疗效的全面考察。他们终于确定已经发现了一种优越于博来霉素的抗肿瘤抗生素新品种，由于这种抗生素是从浙江平阳县采集的土壤中分离的菌种所产生的，因而决定将它命名为平阳霉素。

关于平阳霉素的命名还有一段趣事，甄永苏回忆道：

我们原先称为争光霉素 A5，在研究阶段就叫 A5。在当时的投产鉴定会上讨论了命名问题。考虑到产生菌是从浙江省平阳县的土壤分离得到的，多数同意称为平阳霉素。曾有人提出，该土壤采自种豌豆的地方，是否可称为豌豆霉素，但未得到大家认同。所以，最终命名为平阳霉素。

所以，1979 年我们发表文章的时候，在总结实验研究结果的过程中，在《药学学报》发表论文，我们还是写的争光霉素 A5。但我们在文章里面提到了，最近我们定名叫平阳霉素。1978 年年底开的鉴定会，第 2 年发表的文章，1979 年很快就在临床应用了。

关于平阳霉素的研发，这里还有一段故事，甄永苏后来回忆道：在 1971 年争光霉素投产后，在临床用得还是比较多的，各个单位都在用。因为那个时候，像博来霉素在化疗药物里面，在国外还是比较受大家重视的，很多医院都在用。一直用了 2 年以后，医院发现怎么国产的争光霉素，好像效果不如以前。就是说效价低了，没出现毒性，但就是没什么疗效。

为什么效果越来越差呢？这个要去调查，要去研究，所以我们也组织了调查。我也跟药厂的人，去调查了一些情况。的确是这样，毒性没有增加，也没什么毒性了，但是效果好像不怎么样了。后来就发现问题了：就是分装量很少。原来的规定是 10mg/支，10mg 说的是 10mg 的效价、活性。根据活性的强度，效价 10mg 分装的。但是，他们分装到后来，实际重量就只有约 2mg。

因为，争光霉素的这个组分非常复杂。根据化学性质，是有 13 种组分，分 A、B 两大组。日本的博来霉素以 A2 为主，占 40%左右；第二是 B2，占 20%左右；其他是 A1、B1、B4、A5，这些都属于 13 种组分，因此就都不多。

所以关键是要控制好 A2、B2 这两种组分。日本产品控制了 A2、B2 两个组分，含量就达到 60%以上，且比较稳定。他们是按照这个标准来控制的。我们那个时候的菌种，改变了发酵条件，总效价提得挺高，觉得非常高兴。但是，其实只是其中有个 A5 组分升高了。A5 这个组分在日本产品来说，不超过 1%，所以认为不是很重要。我们这个可以升高到 50%，甚至更多。A5 有个特点，它抗菌作用特别强，用一点点，就显示效果了。

所以，工厂生产的时候，它检测效价是用抗菌标准来测，说一测下来，我们产品的效价特别高。相对 10mg 标准，分装 1 支用 1mg 就够了。其实是不对的。因为 A5，它的抗菌活性高，抗肿瘤活性并没有那么强。

那时候药厂他们为什么这样做呢？他们其实是为了提高效价，以便降低成本。那时通过选种、选育，处理菌种，一看效价高了，而且又改变了发酵条件，效价又更高，其实那是 A5 在起作用。当然 A5 也不错。我们就把 A5 作为一个单一组分，发展成为了平阳霉素。这个就跟国外不一样了。平阳霉素就是在这个基础上发展起来的。

平阳霉素临床试验协作组在北京、天津、上海等地区试用平阳霉素治疗各种肿瘤 375 例，结果表明，平阳霉素对头颈部癌有显著疗效. 总有效率 70. 1%，其中以唇癌、舌癌和牙龈癌疗效较好；对鼻咽癌和食管癌也有较好疗效，鼻咽癌有效率 67. 6%，食管癌有效率 52. 6%；对乳腺癌有效率 75%；动脉插管治疗宫颈癌有效率 88. 2%；对恶性淋巴瘤也有效。临床研究证明，平阳霉素是一种疗效好、毒性小的广谱抗肿瘤抗生素。

平阳霉素于 1978 年由天津河北制药厂和石家庄华北制药厂生产。1994 年，国家刚建立基本药物目录时平阳霉素即已入选，并被载入中国药典。平阳霉素最突出优点是对骨髓没有损害，不引起白细胞减少，也不抑制机体的免疫功能，适用于曾接受其他抗癌药或放射治疗而骨髓受损的病例，并适合与多种药物联合治疗。绝大多数化疗药物对机体免疫功能有损伤，故晚期肿瘤病人往往不能耐受化疗，由于平阳霉素在治疗剂量下，通常不抑制免疫功能，所以适用于一般身体情况较差的晚期肿瘤病人。此外，多数的化疗药物对骨髓有程度不同的抑制作用，有的病人经过治疗后，可造成粒缺、再障，导致严重感染而致命。但平阳霉素在治疗剂量下，通常不抑制造血功能，故可用于造血功能损伤的病人。

平阳霉素的副作用主要有发热、胃肠道反应（恶心、呕吐、食欲缺乏）、皮肤反应（色素沉着、角化增厚、皮炎皮疹等）、脱发、肢端麻痛和口腔炎症及肺炎样病变或肺纤维化，其副作用低于博来霉素。用地塞米松及吲哚美辛可消退高热，胃肠道反应可以用维生素 B6、胃友等缓解。口腔溃疡、脱发等副作用，一经停药，可立即好转。据报道，应用复方丹参注射液可防止平阳霉素化疗后肺纤维化的发生。

平阳霉素自投产上市并被审定为抗肿瘤基本用药后，被临床广泛应用于治疗头颈部鳞癌和食管癌等，后来在临床应用中又有不少新的发现与扩展。仅 1994~2009 年的国内文献，共有 400 多篇关于平阳霉素临床使用的研究报告。其结果表明，平阳霉素除对多种恶性肿瘤如对头颈部鳞癌、恶性淋巴瘤等具有显著疗效外，对乳腺癌、宫颈癌、食管癌、鼻咽癌等也有较好疗效，对肺癌有一定的缓解作用。该药物治疗范围不断扩大，如用平阳霉素治疗一些良性瘤和良性病变如血管瘤及尖锐湿疣等，取得了满意疗效。

1. 治疗血管瘤 血管瘤是头颈部最常见的良性肿瘤之一，是先天性的血管畸形，由胚胎血管内皮增生所致。临床上常分为毛细血管瘤，海绵状血管瘤，蔓状血管瘤等。由于口腔颌面部解剖关系复杂，功能特殊，多年来一直采用的手术、硬化剂、激光、冷冻等治疗方法均有其局限性，常致组织缺损、外观畸形和肿胀疼痛等。100 多篇国内文献报道平阳霉素治疗血管瘤疗效显著。国内许多医院在近千例的病例中，使用平阳霉素直接注射瘤体治疗血管瘤，可使血管内皮细胞变性、萎缩、退化、促使血管瘤消退，这种方法疗程短、疗效确切、不留瘢痕，治愈率达 85%~100%；川北医学院附属医院通过回顾性分析 1997 年 1 月至 2008 年 1 月期间以平阳霉素注射治疗小儿体表血管瘤 1658 例的临床资料，总有效率为 97.09%。其中，对海绵状血管瘤疗效最好，其次为草莓状血管瘤、混合性血管瘤，对葡萄酒色斑痣疗效一般。表明平阳霉素治疗毛细血管型、海绵状和混合性血管瘤疗效高、疗程短，是一种简便、安全有效的方法。

此外，对于头面部血管瘤的治疗，临床较常用的手段是平阳霉素联合地塞米松及鱼肝油酸钠方案与平阳霉素联合地塞米松方案。鱼肝油酸钠是传统的硬化剂可导致瘤体血管血栓形成，阻塞血管，使瘤体消失。据寿柏泉等报道，平阳霉素、地塞米松及鱼肝油酸钠联合方案可提高疗效、缩短疗程。平阳霉素联合地塞米松治疗海绵状血管瘤对机体免疫功能影响小，对造血功能亦无明显损害，不抑制肝肾功能。瘤腔内注射方便，不溶血、不破坏周围正常组织，可重复用药。该方法疗效好，副作用小。与鱼肝油酸钠比较，因其引起的组织肿胀轻，故对位于口咽舌等部位的血管瘤较安全。此外，平阳霉素加地塞米松瘤内注射治疗海绵状血管瘤也是一种安全、有效、简单易行的方法。局部注射时配以少量利多卡因几乎达到无痛状态，且能最大限度地保留颌面部正常的解剖形态和功能，患者易于接受。对其他方法治疗失败的患者仍可治愈，与其他治疗方法相比具有突出的优点。

2. 与其他抗肿瘤药物合用 国内第一军医大学附属南方医院（现称南方医科大学附属南方医院）报道了采用平阳霉素治疗肝癌，对 11 例原发性肝癌肝动脉注射平阳霉素碘油乳剂（PLE），同期 18 例原发性肝癌以丝裂霉素碘油乳剂（MLE）作对照。栓塞后 1~3 个月复查两组肿瘤血管均明显缩小，前者对原发性肝癌肿瘤血管有祛血管作用，其强度大于后者，祛血管同时伴随肿瘤体积缩小。

北京大学第一医院采用（长春新碱+平阳霉素+顺铂）联合方案治疗绒癌，并回顾性分析自 1991~2001 年收治的 43 例恶性滋养细胞肿瘤的疗效及副作用，其中 28 例侵袭性葡萄胎中 26 例治愈；15 例绒癌 12 例治愈。临床治愈率分别达到 92.9%、80%。39 例恶性滋养叶细胞肿瘤治疗中采用氟尿嘧啶方案和（长春新碱+平阳霉素+顺铂）联合方案，有效率均可达 91.3%，但后者副作用发生率较低。

平阳霉素水剂瘤体注射治疗淋巴管瘤，收效显著，且无需住院，治愈率达到 90% 以上，在颜面美容、肢体功能保全方面，更具优越性。舌血管淋巴管瘤常见于小儿及青少年，有巨舌症之称，手术治疗为主，效果不理想。国内多家医院报道其治愈率达 90% 以上，完全治愈率达 60% 以上。佳木斯大学附属口腔医院采用瘤内注射平阳霉素治疗舌淋巴管瘤 16 例，经过 3 年的随访，治愈率达 81.3%。此外，应用平阳霉素治疗舌下腺囊肿也多有报道，且疗效显著，国内多家医院报道采用平阳霉素治疗舌下腺囊肿治愈率大于90%。此外，平阳霉素与地塞米松联合注射也是治疗舌下腺囊肿的主要手段之一，大连医科大学附属第一医院口腔科采用平阳霉素联合地塞米松治疗舌下腺囊肿327例，治愈率为97.55%，具有疗效高，毒副作用小，操作简单易行等优点。

对于其他多种囊肿如肾囊肿、鼻唇囊肿、耳郭假性囊肿、妇科术后盆腔假性囊肿等平阳霉素均有治疗效果。

3. 治疗尖锐湿疣 平阳霉素也可用于治疗尖锐湿疣、寻常疣与跖疣。国内多家医院报道平阳霉素1.6mg/ml于皮损基底部注射治疗尖锐湿疣，治疗1次治愈率为30%~40%，治疗2次后治愈率为70%以上，疗效确切，不良反应轻微，宜在皮损少的患者中使用。平阳霉素联合干扰素治疗尿道口、肛周、宫颈口等特殊部位尖锐湿疣疗效显著，有效率90%以上，且复发率低。此外，国内多家医院将平阳霉素制成外用制剂如霜剂、凝胶剂和栓剂等治疗尖锐湿疣，临床治愈率达90%以上，且用药方便，患者依从性较高。采用平阳霉素局部注射治疗寻常疣及跖疣疗效亦显著。南华大学第一附属医院医疗美容科对87例睑黄疣患者采用平阳霉素与利多卡因联用局部注射治疗，总有效率95.4%，显著高于对照组用二氧化碳激光治疗的总有效率66.7%。湖北省荆门市皮肤病防治院采用平阳霉素在疣体的基底部注射治疗寻常疣55例、跖疣16例，治愈率均达到95%左右，复发率小于5%，表明是一种安全、有效的方法。南方医科大学南方医院皮肤科采用平阳霉素局部注射治疗跖疣110例（536个疣体），痊愈率为85.4%，有效率92.7%，且未见严重不良反应。采用联合使用平阳霉素、利多卡因局部注射，配合液氮冷冻治疗寻常疣120例患者，总有效率98.5%，显著高于对照组单纯冷冻法的总有效率84%，联合法治疗具有痛苦小，疗程短，疗效高的优点。对于单独用液氮冷冻不易去除的较大、较深的疣体疗效更为理想。

4. 其他　采用平阳霉素治疗眼睑黄色瘤疗效较常规治疗方法效果好。眼睑黄色瘤又称黄斑瘤，为良性肿瘤，其生长速度缓慢，但严重影响患者颜面外观，手术切除、激光、冷凝等为常用治疗方法，因易复发及形成瘢痕、色素沉着等明显并发症，效果不理想而影响治疗。国内多家医院报道平阳霉素局部注射治疗眼睑黄色瘤效果确切，方法简便、安全易行。翼状胬肉也是眼科常见疾病，可引起眼部刺激症状，累及瞳孔区时翼状胬肉可造成严重视力障碍，而严重的复发性翼状胬肉可致睑球粘连、穹隆部结膜变短、眼球运动受限等并发症，主要以手术治疗为主，但术后复发率高，且复发的胬肉进展快。近年国内有20多篇报告报道了平阳霉素被用于翼状胬肉的治疗，如用平阳霉素注入治疗翼状胬肉共3818例5628只眼显示其疗效显著，复发率低于手术法，且简单易行，适用于农村广大患者集中治疗，是一种较理想的非手术治疗方法[29]。

1982年，广谱抗肿瘤抗生素平阳霉素获得了国家科委授予的国家发明二等奖，获奖者包括甄永苏、许鸿章、林赴田、李电东、赵仪英、顾灵玲、娄志贤、顾慧儿、李茜、薛玉川、张广善、杨小萍、田佩玉等同志。之后，研究所的科研人员继续不断完善平阳霉素的生产与临床治疗各个环节。1997年，许鸿章教授主持的“平阳霉素提取新工艺”研究，获得联合国技术信息促进系统中国国家分部授

29　蔡年生．平阳霉素——抗肿瘤抗生素．//李立明主编．协和硕果．北京：中国协和医科大学出版社，2009，159-162.

予的发明创新科技之星奖。1998 年，许鸿章教授主持的“平阳霉素新工艺和临床适应证的扩展”研究，获得卫生部科技进步三等奖。

多年之后，在 2009 年，甄永苏与李电东一起发表了“抗肿瘤抗生素平阳霉素研究与临床应用 40 年”，总结了平阳霉素长期研究与临床应用的历史过程，认为平阳霉素具有以下特点：

（1）平阳霉素是单一 A5 组分的制品，有别于含有 13 种组分，以 A2 为主要组分的博来霉素。

（2）实验研究证明，平阳霉素对一系列的移植性肿瘤以及裸鼠移植的人体癌瘤均有显著疗效。

（3）实验研究证明，平阳霉素的肺毒性较轻。

（4）临床研究表明，平阳霉素对头颈部癌瘤、淋巴瘤等有较好的疗效，尤其对于口腔科癌瘤有显著疗效。

（5）平阳霉素与其他化疗药物联合使用受到关注。由于平阳霉素对造血的影响轻，可与其他化疗药物联合，用于因前期治疗造血功能已经受损的患者。

（6）平阳霉素临床研究的扩展，已证明可用于治疗血管瘤、淋巴管瘤以及尖锐湿疣等。

（7）单克隆抗体与平阳霉素的偶联物在动物实验显示高度的疗效，提示其在研制抗体靶向药物中的潜在价值。

几十年的医疗实践证明了平阳霉素的临床疗效和研究价值，它是甄永苏和课题组同事们一起在艰苦条件下同舟共济，协同努力的成果，也是新中国老一代科技工作者不计个人得失，全心全意服务人民卫生健康事业的精神写照。

第四章　走向世界前沿

1978年，中共十一届三中全会做出全面实行改革开放的新决策，从此改革开放的春风使中华大地再次焕发出活力，中华民族踏上了民族复兴的伟大征程。为贯彻落实党和国家的政策，抗菌素研究所于1980年代起开始了科研体制改革的艰难探索。同时，根据国际上药学相关学科的发展前沿，对本所科研方向和内涵也进行了重大调整，逐渐从单一的抗生素走向以微生物药物和生物技术为特点的更广阔的新药研究领域。为了再次起步追赶国际先进水平，科研人员将分子生物学理论与技术更广泛和深入地应用于新药研发的各个领域，以适应未来“医、药、生”等多学科融汇交叉的发展要求。1987年，研究所由抗菌素研究所更名为医药生物技术研究所，开始逐步走出传统和单一的抗生素模式，向药学科学的新前沿进发。

第一节　访学约翰·霍普金斯大学医学院

忽如一夜春风来，千树万树梨花开。1978年3月，邓小平同志在全国科学大会的讲话中，重申“科学技术是生产力”。同年12月，中国共产党十一届三中全会决定把战略重点从阶级斗争转到社会主义建设上来，科学技术发展重新走上了正确的轨道。

国家改革开放给家庭带来新的机遇，甄永苏的两个儿子有机会参加1978年全国高考。长子甄维平1976年高中毕业到农村插队，1978年考入北京医学院基础医学系学习。小儿子甄维宁是应届高中毕业生，考入北京大学生物学系学习。

1979年，甄永苏的事业也是蒸蒸日上，恢复科研人员职称制度之后，他被聘任为中国医学科学院抗菌素研究所副研究员，肿瘤研究室主任。甄永苏发表论文《抗肿瘤药物初筛方法——精原细胞法和噬菌体法的比较研究》、《争光霉素A5和争光霉素A2的抗肿瘤作用与毒性研究》、《平阳霉素的抗肿瘤作用与临床前药理研究》等文章。

甄永苏坚信科研工作绝不能闭门造车，必须要学习先进国家的经验，即使是在“文革”岁月里，他也没有停止外语学习，平时坚持读英文文献，环境有所好转后，口语、听力训练也不放松。蔡年生回忆道：难能可贵的是，在那种岁月里，他不仅努力工作还坚持学习，不断充实自己。记得在1972年尼克松访华前后，中国大地如久旱逢甘霖，掀起了学习英语的热潮，大家都跟着陈林学电视英语。像我这样比甄大夫小几岁的人在1952年进入初中时适逢朝鲜战争，刚学了几天英语就被取缔了，代之以学习俄语直至大学毕业。可是毕业的1960年又赶上苏联专家撤离，俄语又用不上了。这段无奈而铭心的经历让我虽跟着电视学英语，但对学了有没有用将信将疑，学得不投入。没想到有一天，我却看到甄大夫在电视英语的课本上认认真真做着每一篇，哪怕是很简单的作业。着实令我感到意外和惭愧！因为我们都知道，比我们早五六年毕业的人，英语基础原本就很好，但他仍这样一丝不苟地学习。都说机会是给有准备的人准备的。

甄永苏的英语底子本来就很好，如果是通过考试来选拔的话，无论从语言能力还是业务都无疑是首选人物。1978年，甄永苏通过国家举办的首批留学人员考试，并得到了中国医学科学院院长黄家驷的推荐。

黄家驷是对甄永苏科研工作起到过重要影响的历史人物。黄家驷为新中国医学科学和医学教育事业做出了重要贡献，是我国医学领域的一面旗帜。他是胸外科家、医学教育家，是中国胸外科学和生物学工程学的奠基人之一。他在1933年毕业于北京协和医学院，任住院医师两年，后到上海医学院任职。1940年，黄家驷考取了清华大学官费留学，在美国密歇根大学医学院进修胸外科。在美期间，他对结核病支气管炎的病理学问题进行了深入地探讨，为美国早期胸外科事业发展做出了贡献，是美国胸外科专家委员会创始委员之一。1945年抗战刚刚胜利，黄家驷就返回祖国。1947年，他当选中华医学会外科学会会长．1952年，他担任上海第一医学院副院长和中山医院院长。他组建了我国第一所胸腔外科专科医院，中国医学科学院与北京协和医学院合并后，他担任首任院校长。1955年当选为中国科学院学部委员（院士）。1958年，黄家驷出任中国医学科学院院长，1959年，经国务院批准，以中国医学科学院及原北京协和医学院为基础，建立了8年制的中国医科大学，他兼任校长。“文革”结束后，黄家驷大力开展中国医学科学院的恢复、整顿工作。1979年，在“文革”期间停办十年之久的医科大学再度复校，黄家驷出任校长。他强调吸收国外高层次大学的成功经验，积极选派中青年业务骨干出国进修，甄永苏是他着力培养的对象。

1979年，甄永苏作为改革开放后首批国家公派赴美留学人员，以访问学者身份，在约翰·霍普金斯大学医学院药理与实验治疗学系从事药理和免疫学研究。这一年也是甄永苏科研工作中关键的一年。约翰·霍普金斯大学创建于 1876 年，是美国第一所真正意义上的研究型大学，在美国高等教育史上具有里程碑意义。该校医学院在美国医学教育史上占有重要地位，拥有一批优秀的医学专家和教授，包括对美国医学教育产生过重要影响的四位著名医学家：约翰·肖·毕灵斯（John Shaw Billings）、享誉世界的病理学教授威廉·威尔奇（William Welch）、著名外科医生威廉·斯图尔特·霍尔斯特德（William Stewart Halsted）等。约翰·霍普金斯大学医学院对美国乃至世界各国的医学教育产生了深远的影响，其课程设置和教学方式成为美国各大医学院的典范和标准。甄永苏所在的北京协和医学院在早期就是以约翰·霍普金斯大学医学院为蓝本建立的，被称为“中国的约翰·霍普金斯”。该校还拥有非常好的学术环境，包括高水平的学术期刊和学术团体、富有启发而又自由宽松的浓厚学术氛围。

甄永苏在约翰·霍普金斯大学医学院药理与实验治疗学系的研究工作，是从事杂交瘤与单克隆抗体研究。抗体是一种由抗原诱导、由淋巴细胞（浆细胞）合成与分泌的、具有特殊氨基酸序列的免疫球蛋白分子。抗体可与细菌、病毒或毒素等抗原结合，通过三种或其中一种方式中和与除去有害物质：一是直接使抗原失去活性；二是使免疫效应细胞将其吞噬并加以破坏；三是使抗原表面弱化从而易于受补体破坏。抗体作为治疗剂的研究已经历 1 个多世纪。德国科学家保罗·埃里希提出的侧链学说为免疫学与免疫疗法奠定了基础。他认为，细胞的表面具有特异性受体分子（侧链），这些侧链仅与毒素分子中的特定的基团结合；如果细胞与毒素结合后能存活下来，将会产生过量的侧链，部分的侧链释放血液中，即为抗毒素，也就是抗体。埃里希研究利用有机砷化合物治疗梅毒，在化学疗法引入了“魔弹”（Magic bullet）一词，更强化了特异性疗法的策略与目标。早在1895年，欧洲科学家Hericourt和Richet首次报道将癌细胞注入动物体内，取其产生的抗血清用于治疗癌症病人，患者症状得到明显改善。在20世纪初期，不少研究者重复上述试验，未能得到确定的疗效，有时甚至产生严重的毒性反应。后来的研究发现，抗血清含有为数众多的各种不同抗体的混合物，这些抗体分别针对癌细胞表面不同的抗原，而这些抗原同时也存在于正常组织细胞。因此，抗体与正常组织的交叉反应可能导致严重的后果。长期以来，抗血清用于中和外源性毒素如蛇毒，但未能应用于肿瘤和其他疾病的治疗[30]。

当时，抗癌药物研究中占有重要地位的单克隆抗体（单抗）的制备技术与应用正处于发展初期。1975年德国科学家Kohler和Milstein报道用B淋巴细胞杂交瘤技术制备单克隆抗体。由于单抗对相应的抗原（靶分子）具有高度特异性，性质均一，易于大量生产。通过细胞工程可以在体外定向制备各种各样的单克隆抗体，这在抗体生产中是具有划时代意义的进展。

甄永苏对单抗用于治疗肿瘤的前景特别关注。单克隆抗体不仅可以作为分子生物学研究的工具，而且可以用作疾病的诊断剂；而特别引人瞩目的是——单抗可能作为靶分子特异性的治疗剂，用于治疗包括癌症在内的各种重大疾病。而特别重要的是单克隆抗体对相应抗原具有的高度特异性以及抗体分子的均质性，可大大降低在体内与正常组织的交叉反应，为利用抗体治疗疾病，特别是治疗肿瘤

---

30 甄永苏，邵荣光主编. 抗体工程药物. 北京：化学工业出版社，2002.

带来了新的希望。当时有人称之为抗癌药物的“魔弹”，期望单克隆抗体可以靶向攻击致病细胞或病原体而不产生毒副作用。

甄永苏在这段进修工作中选定了以下方面作为自己未来的研究方向：

（1）重视单抗与化疗药物相结合，研制抗体与药物的偶联物（化学免疫偶联物）。

（2）研究抗体药物的高效化，利用高效“弹头”药物制备偶联物，以增强化学免疫偶联物对肿瘤细胞的杀伤作用。

（3）研究抗体药物分子的小型化，利用不同大小的抗体片段分别与药物连接，制备化学偶联物（基因工程兴起后重视基因工程融合蛋白研究）。

第二节　印第安纳大学医学院的客座教授

1981 年，甄永苏向美国印第安纳大学提交的研究申请获得了该校批准，转到该校任客座教授，从事实验肿瘤与生化药理研究，并参加“癌细胞生物化学”课程的教学工作。1981~1982 年，甄永苏在印第安纳大学医学院从事实验肿瘤和生化药理研究，历时 1 年。印第安纳大学医学院位于美国印第安纳波利斯市，规模相当大。甄永苏在该院实验肿瘤学系进修，系主任乔治·韦伯（George Weber）是著名实验肿瘤学家和生化药理学家，长期从事癌细胞酶学研究，对肝细胞和肝癌细胞的酶进行了系统的比较观察，并提出了分子相关学说，因此获得了美国癌症研究奖。韦伯对肿瘤细胞的生化代谢特别是对核酸代谢途径及相关的酶进行了系统的研究。

该系工作人员虽然不多，但对于癌细胞酶学与抗癌药物研究贡献颇多，每年都要召开一次关于酶研究的国际性讨论会，出版关于酶调节研究进展的论文。这里进行的研究工作对于甄永苏进一步了解癌细胞的代谢特点和抗癌药物的作用提供了很大帮助。

甄永苏在进修期间，对核苷转运技术产生了浓厚兴趣。核苷是构成核酸的基本单位，其生成依靠两条途径，一是“从头合成”，在细胞内由简单的小分子合成核苷；二是“核苷补救”，从细胞外摄取现成的核苷。“核苷转运”是细胞外核苷穿越胞膜进入细胞内的过程，是“核苷补救”途径的关键步骤，抑制“核苷转运”即可阻断“核苷补救”。

甄永苏作为客座教授，在美国印第安纳大学医学院从事肿瘤细胞生化代谢与生化药理研究。韦伯教授让甄永苏开展关于核苷转运抑制剂的研究，甄永苏最后确定自己的课题是关于核苷转运抑制剂对肿瘤细胞代谢的影响。这需要掌握相关的技术方法，尤其重要的是需要有新的研究思路。经过探索与实验，他证明具有抑制核苷转运作用的双嘧达莫（潘生丁），可以增强阿西韦辛（acivicin，一种抗代谢药）对肿瘤细胞的抑制作用。阿西韦辛是一种由微生物产生的抗肿瘤抗生素，具有抗代谢活性，可抑制核苷的从头合成。这是首次实验证明，用阻断“核苷补救”途径的核苷转运抑制剂（潘生丁），可以增强阻断“从头合成”途径的抗代谢药物的效果。甄永苏注意到，已在临床使用的抗代谢药物（如氟尿嘧啶、甲氨蝶呤）可抑制肿瘤细胞的核苷从头合成，但对其核苷补救途径无影响。因此，后者可以抵消或减弱抗代谢药物的疗效。在此基础上，甄永苏指出抗代谢药与核苷转运抑制剂联合使用的重要性，提出了以“核苷转运”作为肿瘤化疗靶点，利用核苷转运抑制剂，增强抗癌药物疗效的新策略。

1982 年 9 月 8 日~15 日，甄永苏参加了在美国西雅图举行的第十三届国际肿瘤会议。这是当时国际肿瘤医学界的一次盛会，来自各国的与会者有 8000 余人。除全体大会外，分 30 个会场同时进行。报告的内容非常广泛，包括肿瘤的普查、病因、细胞生物学、免疫、诊断、放射治疗和化学治疗等方面，发表的论文共 4070 篇之多。在这次会议上，甄永苏首次报告了自己利用核苷转运抑制剂增强抗癌药物疗效的最新研究，该研究论文后来发表在 1983 年的美国《癌症研究》杂志。该文曾被美国、日本和欧洲等国学者较为广泛引用，并曾经在此基础上设计新的联合用药方案。

甄永苏在参会过程中，注意到在药物治疗中，抗肿瘤抗生素占有相当重要的地位。化学疗法已成为治疗癌症的主要手段之一，今后要进一步提高治疗效果，在很大程度上将依赖于抗肿瘤药物研究的进展。

甄永苏对当时的抗肿瘤药物研究的趋势做了如下总结：

（1）对目前有一定疗效的药物，通过结构改造寻找疗效较好、毒性较低的同系物，而重点在毒性方面。

（2）继续寻找对癌细胞有高度选择性的新药，其来源包括合成药、抗生素、植物药和其他天然产物。

（3）研究干扰素的抗肿瘤作用，特别重视对其临床疗效做出评价。

（4）研究用单克隆抗体治疗肿瘤，探索用单克隆抗体与药物偶联以提高疗效。

（5）研究诱导肿瘤细胞分化的药物，试图通过改变瘤细胞而不是杀瘤细胞的途径治疗肿瘤。

（6）研究免疫调节剂的生物学作用和临床效果，对小分子的免疫调节剂颇为重视。

（7）研究放射增敏剂和光敏剂。

参加这次国际学术会议给了甄永苏不少启发，对于他后来的研究工作起到了指引方向的作用。会后，甄永苏进一步研究发现肿瘤细胞对潘生丁的敏感性与细胞生长期密切相关，而两性霉素 B 可使不敏感细胞恢复敏感性。这对于实体瘤的治疗提供了有价值的线索与依据。潘生丁是抗血栓药物，不属于细胞毒性类化疗药物。从核苷转运抑制剂的角度考虑，潘生丁可属于生化调节剂。

潘生丁可增强化疗药物作用的研究结果表明，生化调节剂在肿瘤治疗中的应用值得关注。生化调节是肿瘤化疗的一个主要辅助手段，它主要能增加化疗药物的抗肿瘤作用或者减低毒性，以生化调节为基础的化疗方案已经在临床上得到应用。治疗肿瘤的生化调节是指作用于特定分子靶点或代谢通路，从而提高化疗药物的疗效或降低毒性。生化调节剂与化疗药物联合使用将可能取得更好的治疗效果。[31] 生化调节有两种主要机制：一种是通过改变抗肿瘤药物在肿瘤细胞的代谢；另一种是改变药物在细胞膜上的转运，从而增加疗效或减低毒性。

回国后，甄永苏进一步开展抗肿瘤生化调节的研究，以核苷转运作为筛选靶点，寻找新型的抗肿瘤生化调节药物。他不久就发表有关潘生丁的研究文章，指出：潘生丁能抑制核苷转运，阻止细胞摄取外源性核苷，因此有可能改变核苷类药物的药理作用和毒性。他使用杀结核菌素（tubercidin）来研究潘生丁的毒性，它是链霉菌产生的核

31　陈妙兰：甄永苏. //刘德培. 20 世纪中国知名科学家学术成就概览 · 医学卷 · 药学分册. 北京：科学出版社，2014.

苷类抗生素，有抗结核分枝杆菌和抗肿瘤活性。实验结果表明潘生丁明显降低杀结核菌素的毒性，证明潘生丁作为一种核苷转运抑制剂，在肿瘤和病毒化疗中应用的可能性[32]。

韦伯教授对甄永苏的工作给予了高度的评价和肯定，他在给中国医学科学院院长黄家驷先生的信中对甄永苏赞扬道："作为客座教授，他在印第安纳大学医学院期间，以其勤奋努力的工作以及癌症化疗研究中的创造性，在我实验室工作人员中是突出的，他的研究工作是研究者的楷模。我欢迎他随时回来，进行短期或长期的合作研究。"此后，甄永苏与韦伯一直保持了多年的合作，结成了深厚的友谊。

第三节 博安霉素的研究与开发

1982 年，甄永苏回国后继续开展抗肿瘤抗生素研究，同时开展抗肿瘤单克隆抗体靶向药物及抗肿瘤生化调节剂的研究。他通过积极申请，先后承担和参与国家科技攻关项目、国家自然科学基金项目、国家自然科学基金重大项目、国家 863 计划项目和国家 973 项目等研究课题。

甄永苏课题组包括李电东、林赴田、江敏等，在抗肿瘤抗生素研制的重要进展，是在平阳霉素的研制过程中，及时把握新发现，并结合国际研究的新进展，研究开发抗肿瘤抗生素新品种——博安霉素。许鸿章教授在研制过程中也起到了重要作用。

平阳霉素是在研究争光霉素质量问题的过程中发现的。而在改进争光霉素和平阳霉素质量的过程中另一个重要进

32 甄永苏，彭泽，薛玉川. 潘生丁降低核苷类药物的毒性，生理科学，1984，4 (5)：121.

展，是从争光霉素产生菌所产生的活性复合物中分离出了博来霉素 A6 组分。通过对不同厂家多批产品反复分析，证明博来霉素 A6 组分的存在都在 10%左右，最多可达 15%。文献报道日本博来霉素产生菌只能产生痕迹量 A6 组分，即使往发酵培养基中加入 A6 组分的侧链前体物也依然如此。而其余组分则不同，如果往发酵培养基中加入特定组分的侧链前体物，则这种特定组分的产量比会大幅上升，其他组分的产生则被抑制，唯有 A6 组分例外。其原因是加到培养基中的 A6 侧链前体物被酶切割分解变成了 A5 组分的侧链。这种情况表明争光霉素产生菌能产生 10%以上的博来霉素 A6 组分不是偶然的，它表明两种产生菌的代谢特点有重大不同，还表明有可能把 A6 组分开发成为中国独有的新药。

争光霉素 A6 组分原是平阳霉素生产中下脚料中的一个活性组分，河北药厂在质量标准的制定、研发样品的提供、临床制剂的研制以及临床研究都做出不少贡献。医药生物技术研究所甄永苏、许鸿章、李电东、林赴田等进行的研究发现 A6 组分确是一个抗瘤作用强、毒副作用低，尤其肺毒性显著低于博来霉素和平阳霉素的好品种。特别引人关注的是 A6 组分在动物体内证明对肝癌有良好疗效，为将 A6 组分用于临床肝癌治疗提供了实验基础。

20 世纪 80 年代末正式申报临床，将 A6 组分命名为博安霉素。1986 年，甄永苏在布达佩斯举行的第 14 届国际癌症学术会议上，作了“博来霉素 A5 与博来霉素 A6（博安霉素）对人体癌瘤疗效的实验研究”的报告，全文被收入大会论文集。

1987 年，甄永苏课题组对博来霉素 A6 组分和平阳霉素进行研究，采用了裸鼠移植性肿瘤模型。因为，在裸鼠移植的人体肿瘤的实验化疗结果与临床疗效有良好的相关性，在一定程度上预示药物的临床治疗效果。研究使用裸小鼠，由中国医学科学院实验动物研究所提供，博来霉素A6和平阳霉素均使用去铜冷干品，由本所新抗生素研究室许鸿章提供。在实验中，他们发现经博来霉素A6治疗后，不仅肿瘤的重量明显地较对照组小，而且肿瘤细胞的密度和核分裂数均明显降低。同时，股骨切片检查表明，博来霉素A6治疗组动物的骨髓有核细胞密度与对照组无明显差别，治疗组动物的心、肺、肝、肾、胰腺等脏器镜下检查均未见病理改变。课题组用克隆形成测定法检查博来霉素A6对人肝癌、鼻咽癌和胃癌等细胞系的杀伤作用，发现对肝癌BEL-7402细胞有高度活性，半数杀伤浓度达到了6×10^{-11}mol/L。用流式细胞光度术研究表明，博来霉素A6对肝癌BEL7402细胞有G2期阻断作用。在裸鼠可以耐受的剂量下，博来霉素A6对移植性人肝癌的肿瘤生长有显著抑制作用，抑制率为75%。研究结果提示博来霉素A6有可能用于肝癌化疗。

1993年开始，临床研究由中国医学科学院肿瘤医院孙燕院士和冯奉仪教授主持完成。孙燕院士是甄永苏的挚友，是著名临床肿瘤学家，我国肿瘤内科治疗创始人和开拓者之一。半个多世纪以来，他在发展专业、学科，推广综合治疗，开发抗肿瘤新药与中西医结合研究和培养专业人才方面卓有贡献。早在20世纪50年代他们就相识了，甄永苏从事的抗肿瘤抗生素研究的临床部分基本上都是与孙燕院士合作进行的。

在429例各种晚期恶性肿瘤中，有424例可评价疗效。主要病种是恶性淋巴瘤、头颈部癌、肺癌、肝癌、食管癌和乳腺癌共400例，占全部病例的93.2%，包括单一用药

168 例，联合用药 256 例。单一用药中，全身用药 103 例，对恶性淋巴瘤、头颈部癌、乳腺癌的有效率分别为 66.7%、65.0%和 42.9%。单药介入治疗肝癌和肝转移癌 65 例，有效率 30.8%。联合用药中，全身用药 218 例，对恶性淋巴瘤、乳腺癌、头颈部癌、食管癌、肺癌的有效率分别为 88.5%、62.5%、50%、47.2%和 45.8%。联合化疗介入治疗肝癌和肝转移癌 38 例，有效率为 42.1%。

临床结果表明，博安霉素对肝癌具有较为满意的疗效。在临床统计的 430 多例中，最重要的毒副作用为不同程度的发热，未发现显著肺毒性表现，只有 1 例病人出现轻度胸闷、气短。表明博安霉素的肺毒性比现有同类药物显著低。博安霉素的临床结果表明：

（1）在抗肿瘤药物中，博安霉素是少有的对免疫系统和造血系统无损伤药物。

（2）在博来霉素族中，博安霉素是临床在用的几个药物中肺毒性最低的一个。

（3）在肝癌的治疗中，博安霉素有较满意的疗效。

甄永苏与同事们和研究生的实验研究中发现了博安霉素及其单克隆抗体偶联物对大肠癌的治疗作用。大肠癌是我国常见的消化道恶性肿瘤之一，对大多数化疗药物均不敏感。甄永苏课题组用裸鼠移植的人大肠癌动物模型，观察博安霉素及其与单克隆抗体 R19 偶联物对人大肠癌生长的抑制作用。他们用人盲肠癌 HCe-8693 细胞免疫 Lou/C 大鼠，用大鼠杂交瘤技术获得抗大肠癌单抗 R19，用免疫组织化学的方法检测了 R19 单抗对肠癌的特异性。用 ABC 法检测，发现 R19 对裸鼠移植的人结肠癌的外科手术切块呈阳性反应，对人胚脑、胸腺、淋巴结、肺、脾和血细胞等呈阴性，对肾小管上皮细胞显示弱阳性。

他们经过实验发现在裸鼠可以耐受的剂量下，博安霉素对移植的人大肠癌有明显的抑制作用。博安霉素用量为15mg/kg和10mg/kg对人结肠癌的抑制率为92%和89%，对盲肠癌的抑制率分别为92%和90%。实验证明，博安霉素及其与单抗R19的偶联物对裸鼠移植的人大肠癌均有明显的抑制作用，尤其是博安霉素和单克隆抗体R19的偶联物在同等剂量下对肿瘤的抑制率显著地高于游离博安霉素。

博安霉素原来只是平阳霉素发酵产物中的一个小组分约占10%，而平阳霉素的发酵水平本来就很低，要把发酵工艺提高到有经济意义的生产水平有很大难度。因此提高博安霉素的发酵水平和改进提取分离工艺以提高收率一直是被关注的重点。实验证明，通过在发酵培养基中加入前体物，A6的产量比在活性复合物中可以提高到50%~60%。但A6的前体物价格昂贵，不适合规模化生产。实验室自己合成，又不具备合成需要的上百千克以上的高压试验条件。幸运的是药物化学所戴敦华教授以独具创意的工艺设计成功解决了问题，为A6高产率规模化生产开辟了光明的前景。

以中国医学科学院医药生物技术研究所为主研发的新抗肿瘤抗生素博安霉素从20世纪80年代早期立项，经过长期艰苦的努力和企业的合作，得到国家自然科学基金、卫生部新药基金、“九五”“十五”专项攻关课题资助，终于在2004年获得国家一类新药证书和生产批文。高产率博安霉素发酵法专利也获得授权。通过菌种选育、发酵工艺和提取工艺的优化整合，博安霉素的产出水平与原来工艺相比有了大幅度、数十倍的提高并实现了产业化。已有2家企业获生产权注册投入生产。博安霉素是中国有自主知识产权的一类抗癌新药之一。博安霉素作为国家一类新药，经多年临床研究检验确定，对头颈部鳞癌、淋巴瘤等有疗效。

第四节　新大分子抗生素——力达霉素的研究

从1986年开始经过多年的努力，甄永苏领导科研组先后包括胡继兰、邵荣光、李电东、蔡年生、薛玉川、金莲舫、陈淑珍、张胜华、李良等同志，用自己创立的新筛选方法，成功分离了新的烯二炔抗肿瘤抗生素——力达霉素。

力达霉素是运用抗肿瘤药物筛选方法——精原细胞法经过筛选大量的发酵液样品发现的。力达霉素产生菌是从我国湖北省潜江县的土壤中分离得到的，定名为 *Streptomyces globisporus* C-1027。力达霉素对肿瘤细胞有强烈的杀伤作用，按克隆生成测定的50%抑制浓度进行比较，力达霉素的作用比多柔比星（阿霉素）、甲氨蝶呤（MTX）、顺铂等强6~7个数量级。力达霉素对肿瘤细胞的作用很快，检测放射性核素标记胸苷的掺入结果表明，力达霉素加入3~5分钟即显示抑制作用，而浓度高10000倍的阿霉素和丝裂霉素需30~60分钟才能显示抑制作用。动物实验表明，力达霉素对小鼠移植性肿瘤，包括实体瘤（肉瘤180、黑色素瘤HP、结肠癌26等）和白血病（L1210、P388等）均有显著抑制作用。力达霉素单次静脉给药即可显示较强疗效，按等毒性剂量进行比较，力达霉素对小鼠结肠癌26的抑制率明显高于阿霉素与丝裂霉素；力达霉素对移植于裸鼠的人体肝癌、结肠癌均有显著疗效。研究显示，小鼠静脉给药，对肝癌22，力达霉素的50%抑瘤率为0.0095mg/kg；对移植于裸鼠的人PG肺癌，力达霉素的50%抑瘤率剂量为0.0173ng/kg，50%致死量为

0.2mg/kg，具有一定的安全范围。

力达霉素的作用机制独特，导致形成DNA单链或双链断裂数目之比为1∶1，而且导致形成较多的双链断裂。研究结果表明，力达霉素发色团与DNA双螺旋的小沟相互作用，直接造成双链断裂，这种断裂位点具有核苷酸序列特异性，特别是：GTTAC/ATTAC。力达霉素能诱导肿瘤细胞的凋亡，如诱导白血病HL-60细胞的凋亡，DNA优先断裂在核小体的连接线上。力达霉素还可促进TRIP、TRAF3、STAT1等基因的表达，抑制rhoc的表达，提示力达霉素可能通过调节TNF受体家族有关的凋亡信号转导通路，诱导细胞凋亡。力达霉素对肿瘤侵袭相关基因有明显的作用，Northern杂交结果显示，力达霉素可促进TIMP-1基因的表达；RT-PCR果显示，力达霉素可促进TIMP-1的表达，抑制MMP-9的表达。力达霉素还能抑制血管的生成，阻断bFGF与受体蛋白结合，说明力达霉素是一种新的血管生成抑制剂，而bFGF的受体可能为其作用靶点。

最近研究发现，力达霉素与顺铂在体外合用有很好的协同作用。低浓度力达霉素与顺铂合用后，则可使凋亡现象明显增加，同时对该细胞的细胞毒作用也明显增强，提示力达霉素对顺铂的增效作用也可能与其促进并加强肿瘤细胞凋亡有关。此外，力达霉素对耐药性肿瘤细胞也有很好的疗效。

力达霉素可作为高效“弹头”药物。近年来，单克隆抗体导向治疗药物的研发取得了重大进展，美国食品药品管理局（FDA）已经批准上市了多种单抗治疗药物。但单抗药物也存在着一些问题，其中之一是其在体内实际到达肿瘤细胞的药物量有限。为取得良好效果，单抗药物需要高效化，即研究高效“弹头”药物，利用高效“弹头”药物制备单抗偶联物，仅有微量的偶联物到达靶部位即可杀伤肿瘤细胞。烯二炔类抗生素对肿瘤细胞有很强的杀伤作用，可作为高效“弹头”药物。

力达霉素与完整单抗连接，其偶联物对移植于裸鼠的人肝癌、胃癌等均有显著疗效。抗Ⅳ型胶原酶单链抗体与力达霉素的基因工程融合蛋白不仅能够与抗原Ⅳ型胶原酶和多种肿瘤细胞特异性结合，还能够抑制肿瘤细胞对Ⅳ型胶原酶的分泌活性和肿瘤的侵袭转移。该基因工程融合蛋白对体外培养的肿瘤细胞具有强烈的杀伤作用，并能显著抑制 bFGF 刺激的鸡胚尿囊膜新生血管的生成；在可耐受剂量范围内，其对小鼠移植性肝癌的抑制率为 95.6%，显著强于力达霉素的抑瘤率。诸多研究结果表明，力达霉素单抗偶联物可能成为一种小型高效的抗体导向药物。

甄永苏领导研究团队，对力达霉素不断进行改进，利用基因工程的发展，开发力达霉素的基因工程单链抗体导向药物。力达霉素是由烯二炔结构的发色团和辅基蛋白两部分组成的大分子抗肿瘤抗生素，其中发色团具有极强的细胞毒性但不稳定，辅基蛋白与发色团结合并对发色团的稳定起保护作用。将具有靶向性的抗Ⅳ型胶原酶单链抗体与力达霉素辅基蛋白在大肠杆菌中融合表达，融合蛋白在体外与力达霉素的发色团结合制成单链抗体-力达霉素偶联物，药理实验表明该偶联物同时具有抗肿瘤活性和抗Ⅳ型胶原酶活性，很有希望成为一种新型的基因工程单链抗体导向药物。

当然，力达霉素研制过程中也面临着困难，其中降低抗肿瘤药物的毒性是一个关键问题。肿瘤化疗的主要目标是针对肿瘤细胞。由于肿瘤细胞与正常细胞之间缺乏根本性的结构与代谢差异，因此抗肿瘤药物在杀伤肿瘤细胞的同时，也对正常组织细胞产生不同程度的伤害。

这里要提到的是，在力达霉素的研制过程中，精原细胞法也显示出其优越性，有助于筛选出结构新、活性高、作用机制独特的新抗肿瘤抗生素。1986 年，美国国立卫生研究院（NIH）癌症研究所（NCI）的发展与治疗项目负责人罗伯特·修梅克和麦克·包爱德博士曾邀请甄永苏到该所作了精原细胞法的专题报告。甄永苏详尽介绍了精原细胞法在抗肿瘤抗生素筛选的重要作用，精彩的报告内容以及他儒雅的学者风范、幽默的演讲风格、严谨准确的实验表述和流畅的英语表达，使与会的科学研究人员大为叹服。

第五节 单克隆抗体药物的研究

1982 年甄永苏回国后，即在国内率先开展治疗性抗体药物研究，寻求与肿瘤治疗相关的分子靶点，并取得了一系列成果。1983 年 9 月，他出席了在辽宁省大连市召开的第一届全国肿瘤药理及化疗学术会议，在会上报告“单克隆抗体与肿瘤治疗”。同年，他与其他研究者合作，在国际学术期刊发表了“关于用单克隆抗体研究人粒性白细胞抗原特征”。1985 年，他参与了时任中国医学科学院院长顾方舟主编《淋巴细胞杂交瘤技术的应用》一书的写作，撰写“单克隆抗体作为药物的载体”一章。1986 年，甄永苏以其优异的科研业绩，获国家人事部颁发的“国家级中青年有突出贡献专家”称号。同年，他发表论文，首次报告单克隆抗体与博安霉素偶联物的抗白血病细胞活性研究。

1987 年，甄永苏承担国家 863 高技术项目课题，研究抗体药物的高效“弹头”药物。他在抗体药物研究中十分重视抗体与化疗药物的结合，以求增强对肿瘤细胞的杀伤效果。他主持研究和构建对白血病细胞具有杀伤作用的抗体-药物偶联物，应用杂交瘤技术制备了小鼠单抗和大鼠单抗，分别与药物偶联，并确定偶联物的体外和动物体内疗效。抗肝癌细胞单抗分别与平阳霉素或博安霉素制成的偶联物，经实验证明对肿瘤靶细胞显示选择性杀伤，在裸鼠体内显示特异性分布以及对裸鼠移植的人体癌瘤有显著疗效。

抗体药物的研制是医药生物技术领域的热点。抗体药物是以抗体为基础制备的、用于治疗的药物。从分子构成来看，抗体药物可分为三类：抗体或抗体片段，早期制备的抗体多数属于鼠源性抗体，根据其人源化改造的程度又可分为嵌合抗体、人源化抗体、完全人源抗体；抗体偶联物，或称免疫偶联物，由抗体或抗体片段与“弹头”分子连接而成，根据不同“弹头”物质与抗体连接，分别构成放射免疫偶联物、化学免疫偶联物与免疫毒素；基于抗体的融合蛋白，由抗体片段和活性蛋白两个部分构成。

当时的抗肿瘤抗生素研究中，大分子抗肿瘤抗生素占有重要地位。这类抗生素多由链霉菌产生。它们均为110个左右的常见氨基酸所组成的蛋白部分及其所携带的一个或多个发色团所组成，由于其蛋白属性，也被称为蛋白类抗肿瘤抗生素。

研究界从药物作用选择性的高度考虑，高度重视了对大分子抗肿瘤抗生素的筛选。因为分子比较复杂的药物可能在荷瘤动物体内呈现高选择性分布。自20世纪50~60年代这类抗生素出现开始，医学界一直非常重视，不断有新的大分子抗肿瘤抗生素被发现。80年代以后，对该类抗生素的作用机制及化学结构进行了更深入、广泛地探讨，并已从分子水平上初步阐明了它们的作用机制。大分子抗肿瘤抗生素主要以细胞内的 DNA 为靶点，可以通过对 DNA 造成损伤，进而抑制核酸合成，从而影响了 DNA 的复制及转录，抑制了 DNA 和 RNA 的合成，阻断细胞的正常周期，表现出其抗肿瘤活性。绝大多数该类抗肿瘤抗生素对 DNA 和 RNA 的合成有明显的抑制作用。

甄永苏注意到，由于淋巴细胞杂交瘤技术的发展，可以获得高度特异性的单克隆抗体，这就为研制新型抗肿瘤药物带来了新的机会和希望。将单克隆抗体与杀伤肿瘤细胞的活性物质（如化疗药物、毒素、放射性核素等）连接，利用单克隆抗体作为特异性载体把活性物质选择性地运送到肿瘤部位有可能增强疗效和降低毒性。在 80 年代，以单克隆抗体为载体的抗肿瘤导向药物受到各国研究者高度重视，投入了大量人力物力[33]。

甄永苏的研究工作的重点是寻求与肿瘤治疗相关的分子靶点。多年来以Ⅳ型胶原酶作为分子靶点，研究抗Ⅳ型胶原酶的单抗药物。Ⅳ型胶原酶（明胶酶）是基质金属蛋白酶的重要成员，它是分解基底膜的主要成分，在肿瘤细胞的侵袭、转移及肿瘤的血管生成过程中发挥重要作用。具有高侵袭、高转移能力的肿瘤细胞以及增殖的血管内皮细胞均可表达、分泌过量的Ⅳ型胶原蛋白酶，而正常组织细胞中的Ⅳ型胶原酶的表达量少。因此，以Ⅳ型胶原酶为靶点的抗体药物将会特异性地攻击具有高度侵袭、转移能力的肿瘤细胞并可阻断肿瘤的血管生成，达到抑制肿瘤生长与阻断侵袭转移的效果。甄永苏研究组在新抗肿瘤抗生素研究工作中，发现了力达霉素（C1027），它对肿瘤细胞

---

33 甄永苏. 单克隆抗体导向药物治疗肿瘤的药理学问题. 单克隆抗体通讯，1990，7（3）：12.

的极强的杀伤作用，比甲氨蝶呤、阿霉素等化疗药物强1000倍以上。在此基础上，制备了抗体-力达霉素化学偶联物以及抗体-力达霉素基因工程融合蛋白，并在裸鼠人体癌瘤移植模型确定其疗效。并制备了抗Ⅳ型胶原酶的单克隆抗体，与平阳霉素连接，构建单抗药物偶联物。动物实验证明，单抗药物偶联物对肿瘤生长有显著抑制作用，其疗效优于未偶联的药物[34]。

甄永苏总结抗体药物研究策略为以下方面：

（1）抗体药物与化疗药物的联合应用。实验研究表明，抗体药物与某些化疗药物联合，可显示协同作用，增强实验治疗的效果。抗体药物与化疗药物联合或与放射治疗联合有良好的提高疗效前景。

（2）药物靶点的多样化和多靶点抗体药物。确定药物作用靶点是研制抗体靶向药物的关键。考虑靶点多样性，寻找和利用新的分子靶点，研制新型的抗体靶向药物成为研究界关注的重点；同时，应重视研制作用于多靶点的抗体药物。

（3）抗体的人源化。多年的研究表明，鼠源性抗体在人体可诱发人抗鼠抗体反应（HAMA），在临床应用一般效果不佳。鼠源性抗体的人源化，包括制备嵌合抗体和制备人源化抗体，在临床应用取得良好效果，证明这是一条成功的途径。研制人源化抗体可以降低抗体药物在人体的免疫原性；与鼠源性抗体相比，还可提高效应功能，加强对肿瘤靶细胞的杀伤作用。

（4）研制抗体与药物的化学免疫偶联物。为增强抗体药物对肿瘤靶细胞的杀伤作用，实现抗体药物高效化，可

34　邵荣光. 天然来源的抗肿瘤药物研究与开发的典范. //刘德培主编. 20世纪中国知名科学家学术成就概览·医学卷·药学分册. 北京：科学出版社，2014，11.

利用高效“弹头”药物，与抗体制成化学免疫偶联物。

（5）研制基于抗体的融合蛋白。借助基因工程技术方法可构建各种大小不同的抗体片段，并进而与各种活性蛋白构建基于抗体的基因工程融合蛋白，实现抗体药物的小型化和高效化[35]。

甄永苏对单抗导向药物的导向策略的认识是：

（1）活化酶与前体药物联合使用，在靶肿瘤进行酶性活化。前体药物（prodrug）是指该药无治疗活性或仅有较低活性，需在体内经过代谢转化为活性型才显示药物活性。药物前体化策略在药物化学与化疗领域已得到应用，其优越性是可能降低毒性和延长药物体内作用的时间。在肿瘤导向治疗中运用此策略是将单抗与特定的酶进行连接，先注入单抗-酶偶联物，间隔一定时间后注入前体药物，使其在靶部位活化以杀伤肿瘤细胞。

（2）以特定受体或特定的基因表达蛋白为靶标。例如，表皮细胞生长因子受体在人的鳞癌、乳腺癌和脑胶质瘤癌等均有较高的表达，可能作为导向药物的靶标。转铁蛋白受体在某些肿瘤有较高的表达。抗转铁蛋白受体单抗构成的免疫毒素对脑瘤细胞有高度细胞毒性；高度恶性的肿瘤对免疫毒素的敏感性更高。

（3）以血管内皮细胞为靶标。实体瘤的生长与血管密切相关。肿瘤细胞增殖如果缺乏相应的血管新生成将不能发展为肿瘤。以内皮细胞为靶标，抑制血管新生成，将可能达到抑制肿瘤生长的目的；而且静脉注射的单抗偶联物也将易于到达靶标，不需要穿越细胞外间隙到达实体瘤深部的肿瘤细胞。

---

35 甄永苏. 抗肿瘤导向药物研究的现状与展望. 药学学报，1994，1 : 5-6.

单抗偶联物对靶细胞的作用与多种因素有关：

（1）有关抗原在细胞表面的密度愈高，偶联物的活性愈强。

（2）偶联物的活性可能因靶抗原在细胞表面的牢固程度不同而异。有的抗原与细胞膜松散联系并分泌到培养液（体液）中，有的抗原与细胞膜牢固联系，后者更适于作为偶联物的靶标。

（3）偶联物的活性可能和该单抗与靶瘤细胞的结合常数有关。

（4）单抗片段的偶联物对靶细胞杀伤作用可能较完整单抗偶联物为弱。

（5）偶联物在较低浓度对靶细胞显示特异性；在高浓度则可能无特异性。

（6）偶联物的内化是显示细胞毒性的关键。据报道，阿霉素分别与不同单抗进行连接，能迅速内化的单抗所构成的偶联物对靶细胞显示高度细胞毒性；不能内化的单抗所构成的偶联物则活性低。

甄永苏的研究生曹寿松回忆道：我清楚记得，1984 年刚到甄老师身边学习时，癌基因和单克隆抗体在医学上非常时髦，但我们知道得很少。由于甄老师常去美国学习和交流，掌握了国际医学发展的新动向，并率先在国内开展此方面的工作。所以，甄老师开展的许多工作当时在国内处于领先地位。

抗肿瘤单抗药物的研究经历了比较曲折的发展过程，20 世纪 80 年代迅猛发展，90 年代初期一度处于低谷，国内自然也有同行质疑其继续研究的必要性。但是甄永苏没有人云亦云，不但没有放弃，而是对单抗靶向药物的特点与存在问题进行了认真的分析与思考，从而明确提出了研制小型、高效偶联物的新方向，并继续带领课题组积极开展研究。经过多年努力，他们终于利用抗体 Fab' 片段与力达霉素首次制成小型、高效的偶联物，并利用基因工程技术与分子重建方法制备了抗体 Fv 片段与力达霉素的强化融合蛋白，其分子质量小于国外报道的 Fv 片段免疫毒素，并经动物实验证明有显著疗效从而使我国在抗癌导向药物的分子小型化、高效化方面达到了新的水平。

甄永苏认为，抗肿瘤单抗药物研究的发展趋势具有如下特点：

（1）寻求新的分子靶点。抗肿瘤单抗药物对相应的抗原具有高度特异性，这是单抗药物显示靶向性抗肿瘤作用的基础。特定的癌基因表达蛋白、生长因子受体等均可作为单抗药物的分子靶点，因此寻求与肿瘤细胞相关的靶点是研制单抗药物的关键。人类基因组研究，特别是关于疾病相关基因研究的进展，将为研制单抗药物提供新的分子靶点。

（2）单抗的人源化。在临床治疗中使用鼠源性单抗的主要障碍是产生 HAMA 反应，这使得单抗的人源化成为单抗药物的必然发展趋向。

（3）偶联物分子的小型化。庞大的偶联物分子难以通过毛细血管内皮层和细胞外间隙到达实体瘤深部的肿瘤细胞。因此研制小型化单抗药物对提高疗效有重要意义。

单抗有高度特异性，对于各种不同的抗原可以制备相应的单抗；因此，作为抗体分子，单抗又具有高度多样性。由于其特异性和多样性，研制单抗药物有巨大的潜力。肿瘤分子生物学研究的飞跃发展为研制单抗药物提供了与治疗肿瘤相关的新靶点；随着抗癌药物研究的发展，可供利用的新型“弹头”物质将不断出现。针对新靶点，利用新型抗体与新型药物，将可获得免疫原性低和疗效高的抗肿瘤单抗药物[36]。

1996年，甄永苏与江敏、徐琳娜、邵荣光、周锡章、李军智、王维刚等课题组成员完成了“抗肿瘤单克隆抗体免疫偶联物的构建及其分子小型化的研究”，获得了国家教委授予的科技进步二等奖。

第六节　新核苷类抗生素——云南霉素的研究

抗肿瘤抗生素的种类及其化学结构都是多种多样的，大致可以分为：①醌类，其中又可分为：蒽环类，如柔红霉素、阿霉素、洋红霉素、阿克拉霉素等；蒽醌类，如贵田霉素、多色霉素等；苯醌类，如丝裂霉素、链黑霉素等。②亚硝脲类，如链脲霉素。③糖苷类，如光神霉素、色霉素A3等。④氨基酸类，如重氮丝氨酸、acivicin、氧代赖氨酸等。⑤色肽类，如放线菌素C、放线菌素D等。⑥糖肽类，如博来霉素、腐草霉素等。⑦蛋白质类，如新制癌菌素、大分子霉素、力达霉素等。⑧核苷类，如吡唑霉素、桑霉素、嘌呤霉素等。⑨烯二炔类，如加里奇霉素、力达霉素等。

20世纪末，随着肿瘤发病率的日趋升高，人们对抗肿瘤药物的研究也在不断加强和深入。尤其是分子医学和分子生物学的突飞猛进，使肿瘤发生机制的阐明、抗肿瘤靶点的寻找、新型抗肿瘤药的开发以及治疗手段的创新和综合运用有了长足的进步。从天然来源中寻找新型抗肿瘤活性物质抗癌药物的研究热点，在学术发展前沿中最重要的

36　甄永苏. 单克隆抗体药物治疗肿瘤的研究现状与展望. 中国医学科学院学报，2000，22（1）：9-10.

是，运用现代生命科学研究的新成果，从我国独特的天然资源中寻找新的抗肿瘤药物，并致力于这些抗癌药物的研究与开发。

1991 年，甄永苏组建课题组参与了国家自然科学基金重大项目“云南放线菌生态分布及其资源前期开发”。其中，由甄永苏课题组负责的子课题“抗肿瘤抗生素的筛选研究”课题组成员包括了胡继兰、戚长菁、陈文君。用精原细胞法初筛放线菌发酵液样品 3342 个，阳性 32 个，阳性率 1.0%；用核苷转运抑制法筛选样品 1134 个，阳性 142 个，阳性率 12.4%。获得新抗肿瘤抗生素云南霉素（2321C）以及已知抗肿瘤抗生素醌霉素 A、醌霉素 B 等。

1996 年，甄永苏参加了“九五”国家科技攻关项目“医药生物关键技术研究”，在“发酵工程重大医药产品及核酸药物”研究中，采取新的筛选路线与方法，对新发现的抗肿瘤抗生素云南霉素做进一步研究。

云南霉素是新的胞嘧啶核苷类抗生素，经由云南省关坪自然保护区土壤样品分离的链霉菌 2321 号菌株发酵液中提取得到。其中 2321A 经理化性质与鉴别研究，确定与谷氏菌素相同；2321C 为云南霉素。谷氏菌素是有弱抗菌活性的广谱抗菌抗生素，属于嘧啶核苷类抗生素，关于它的作用机制的研究表明，其对于非细胞系统的蛋白质合成有很强的抑制作用，其作用点是阻断核糖体上肽链的生成。谷氏菌素可抑制核糖体的转肽酶，目前已成为研究蛋白质生物合成过程的生化试剂。谷氏菌素对完整细胞的蛋白质合成的抑制作用较弱，但对于病毒感染而致通透性改变的细胞，则抑制作用明显增强。

云南霉素的制备是用合成培养基以及含有黄豆粉、酵母粉的有机培养基发酵，检测发酵液的抗菌活性以监控活性物质含量。该菌株发酵液经提取、分离、精制得到 2321C 即云南霉素。该抗生素为白色晶形粉末，易溶于水，不溶于有机溶液。

甄永苏课题组进行体外试验显示云南霉素对肿瘤细胞有杀伤作用，云南霉素抑制 KB 细胞蛋白质和 DNA 合成，但对 RNA 无影响。动物体内试验研究显示，云南霉素对小鼠肝癌 22、结肠癌 26 及肉瘤 180 均有抑制作用。

云南霉素是一个具有新型结构的胞嘧啶核苷二肽类抗生素，它的胞嘧啶结构与一个己糖和两个氨基酸（丝氨酸和肌氨酸）相连接。本研究结果表明，云南霉素体外对多种肿瘤细胞（HL-60、KB 细胞）有 G2/M 期阻滞和 S 期抑制作用。

与抗代谢药氟尿嘧啶（5-FU）相比，云南霉素体外的细胞毒性较弱，但动物体内的抑瘤作用与 5-FU 相近，这可能是由于云南霉素与 5-FU 的作用机制及体内代谢方式的差异，需进一步研究。

云南霉素的研究为新型抗肿瘤抗生素研究积累了宝贵的经验，1998 年，甄永苏出席美国癌症研究协会（AACR）1998 年会（美国新奥尔良），发表关于《云南霉素的抗肿瘤作用研究》。目前，该项研究仍在进一步完善中。

第五章　开拓创新，锲而不舍

甄永苏的辛勤工作取得了丰硕成果，自 1982 年以来，他先后带领课题组，承担国家攻关项目、863 项目、国家自然科学基金重大项目及其他科研项目 32 项，在研制抗癌新药、创造性地开辟抗癌药物研究新领域、新途径等方面取得了卓越的成绩。他主持研制的广谱抗肿瘤抗生素平阳霉素获得国家发明家二等奖，争光霉素获得全国科学大会成果奖，核苷转运作为肿瘤治疗靶点的研究获得国家教委科技进步奖一等奖，抗肿瘤单克隆抗体免疫偶联物的构建及其分子小型化研究获得国家教委科技进步奖二等奖，微生物来源的新型抗肿瘤物质及其作用机制研究获得国家教委科技进步奖二等奖，光辉霉素的研究获得中国医学科学院科技奖，抗癌药物的筛选方法——精原细胞法、核苷转运抑制剂增强抗代谢药物抗肿瘤作用、博安霉素单克隆抗体偶联物抗肿瘤作用研究获得中国医学科学院中国协和医科大学科技进步奖一等奖。他主编的专著《抗肿瘤药物研究与开发》获得中国石油和化工协会科技进步奖一等奖。

1997 年，甄永苏当选中国工程院院士，同年被评为北京市先进教师。2001 年，他获得了“何梁何利基金科学与技术进步奖”。何梁何利奖由何梁何利基金设立，是香港金融家何善衡、梁銶琚、何添、利国伟先生各捐资 1 亿港元，于 1994 年 3 月 30 日在香港注册成立的社会公益性慈善基金。其宗旨是通过奖励取得杰出成就的我国科技工作者，倡导尊重知识、尊重人才、崇尚科学的良好社会风尚，激励科技工作者不断攀登科学技术高峰，加速国家现代化建设。何梁何利奖分为：何梁何利基金科学与技术成就奖、何梁何利基金科学与技术进步奖、何梁何利基金科学与技术创新奖三个奖项。其中，科学与技术进步奖授予在特定学科领域取得重大发明、发现和科技成果者，按学科领域分设数学力学奖、物理学奖、化学奖、天文学奖、气象学奖、地球科学奖、生命科学奖、农学奖、医学药学奖、古生物学考古学奖，和机械电力、电子信息、交通运输、冶金材料、化学工程、资源环保、工程建设技术奖等 17 个奖项。科学与技术进步奖的评选主要考察被提名人近 10 年所做出的突出贡献。

1998 年，甄永苏获得了母校中山医科大学设立的广东柯麟医学基金会颁发的首届“柯麟医学奖”，该奖项作为中山医科大学对教职工和校友的最高奖励，每 3 年评选 1 次。11 月 7 日，中山医科大学隆重举行庆祝建校 132 周年晚会，会前颁发该校首届“柯麟医学奖”，25 位工作 50 年以上、对教医研工作做出重要贡献的教师和校友获此殊荣。

面对这些荣誉，甄永苏并没有功成名就的自满，他始终没有忘记自己是一位科研工作者，从事抗肿瘤药物研究是他一生的事业，他没有停下自己的脚步，而是依然继续坚持在科研工作的第一线，老骥伏枥，志在千里。

第一节　承前启后，培养学术新人

甄永苏多年来在研究生、课题组学术骨干培养过程中积累了丰富的经验，为本学科领域培养了一批优秀的学术带头人。在学生培养上，他的工作主要包括以下三个方面：

重视科研精神的传承培养

甄永苏很注重把自己的科研经验传承下去，在不断总结的基础上，经常向学生们传授自己的科研经验。他告诉学生们，自己在长期的科学实践中深深体会到，从事科研工作“贵在坚持”，也“贵在应变”。要做到坚持科研方向，要踏踏实实工作，克服困难，力求达到确定的目标。他的科研方向与目标非常明确且坚定不移，就是致力于研究肿瘤的药物治疗，寻找有效的抗癌药物；要从极为丰富的微生物资源中发现与研制新的抗肿瘤抗生素，要针对特定的分子靶点研制抗体靶向药物，要从天然药物资源中研究抗肿瘤生化调节药物。要实现这一目标，就必须做到与时俱进，研究的思路、途径与方法都不应该一成不变，需要密切关注生物医药科学和相关学科的进展，需要根据科研工作的实际情况，进行新的探索，拓展新的研究领域[37]。

姜文国是在一次学术研讨会上遇到甄永苏。当时甄永苏在讲自己的科研经历时，提到了抗肿瘤组合药物研究和多靶点药物研究，而姜文国之前多次在申请课题时，有些评委因为他的工作是针对一个太具体的分子靶点研究而直接否定掉，使他非常沮丧。姜文国就此向甄永苏请教，虽然甄永苏当时并不认识他，但还是对他的问题做了细致耐心的解答。甄永苏认为这种观点是不严谨的，可能是由于这些专家对他具体的研究方向不是特别熟悉所致，多靶点并不排斥单靶点的研究。姜文国听了甄永苏的解答后，茅

37　甄永苏. 我的科研历程. //中国工程院学部工作局编. 中国工程院院士自述（第2卷）. 北京：高等教育出版社，2008，637.

塞顿开，就像在黑暗中迷航的船只突然见到明亮的灯塔一般，又看到了方向，重新对自己的研究树立了信心。姜文国后来经过努力，终于在甄永苏门下学习。

甄永苏经常告诫学生："首先要静下心来，而不能急于求成，趁精力充沛要不断学习新知识和新技术，而不要一门心思只顾挣钱，看准了要锲而不舍，才能更上一层楼。"

注重营造良好科研环境，培养学生的团结协作精神

甄永苏总结自己的人生经历，深感学术环境对于科研工作者的成长至关重要。他认为自己"取得了今天的成绩，首先得益于成长过程中各个阶段的老师们，得益于中国医学科学院在国内外的学术地位和研究所里宽松良好的学术环境，还得益于有一个团结协作的好集体，离开这些，即使自己有再非凡的能力，也无法取得成功。"

蔡年生曾经总结过甄永苏的为人与工作风格，称赞他几十年来作为肿瘤研究室的主任和大任务组的组长，可以说是一位识大局、知环境、尊重别人、善于共事的领导。他始终严于律己，宽厚待人，用平静的心态理解周围，平静做人，平静处事；包涵甚至容忍他人，遇到困难或挫折也从不怨天尤人、自乱方寸。这就是他在践行勤奋敬业的同时，也一直努力营造着座右铭中的"乐群"。"乐群"蕴含的是智慧的清明，品格的高尚。

他对待学生向来是尽心尽力，努力帮助他们成才立业。在学习和科研上，他认真督促他们，教导学生作为科研工作者"要想有所成就，需要勤奋工作，没有任何捷径可走"，扎扎实实地工作是他遵循的原则，"行百里者半九十"，要在医药科研道路上达到确定的目标，需要长期艰苦

的努力。要成就一番事业“关键是勤奋、敬业、乐群”，这是他一生的座右铭。同时，他也尊重学生们自己的事业选择，他由衷地表示：当我是学生的时候，我尊敬老师，现在我是老师，我同样尊重我的学生。

陈淑珍至今还清晰记得自己博士生入学考试的场景：甄老师和几位面试老师，就在甄老师现在那间简陋的办公室里。那个办公室简简单单，只有几条椅子、两张桌子。甄老师坐在办公桌后面，背着光，阳光从他身后的窗户洒进来，老师的眼睛也折射出一种慈祥的光芒。他微微颔首，朝我笑了笑。其实，尽管我的初试成绩优秀，但我仍然是非常紧张的，但甄老师那双慈祥的眼神、安恬的微笑却一下子让我平静了下来，我逐渐放松了自己，和老师们交谈了起来。几位老师都面带微笑，像是在与多年的老朋友谈话，我颇有些受宠若惊，整个面试在非常缓和而平静的氛围中进行，没有丝毫的紧张与不安。我首次领略了肿瘤药理界大师的风范。

邵荣光回忆道：我们每天中午坐在一起讨论，当时室里一到中午，特别是夏天的时候，大家轮流买水果。买了以后一起吃，喝茶，跟茶话会一样，什么东西都聊。不一定光聊科研，其他闲事也会聊。形式很多，经常有团队活动。室里面的，内部的，找名目，聊来聊去，因为大家工作关联性很强，互相之间都会沟通。现在的学生比较独立，什么东西都捂着，不愿意人家看，生怕别人知道。那个时候的氛围同现在不同，沟通很重要。因为一个人知识面有限，技术有限。所以我的研究生一招上来，很重要的一点，就是要求一定要向前辈，向其他的平辈的同行，或者是师兄、师姐学习。因为自己去摸索，有可能摸索十次才能成功。然而别人的一句话你可能一次就成功了。这是书本上看不出来，技术关键点是看不出来的。如甄老师一来就教我们怎么用“电动移液器，”用好的话误差很小，用得不好出来的误差很大，很乱。动手的次数、加样，都有规律，都很重要。包括放的物质、光线。特别是光线，还有混合的轻重、方向。同时方向性也有不同。书本要求震动多少时间，摇多长时间。但摇是有技巧地摇，这些都有关键点，都是凭技术来的。比如做一个基因的实验，杂交的时候，要考虑洗涤、摇摆、口长口短。该保持的东西必须保持，而可减少的东西可以省很多时间。把握在范围之内就可以知道怎样用最省的时间做到最好的结果。

他的研究生曹寿松回忆他们在甄永苏课题组学习和工作的日子，深情地写道：我和秀坤到协和上学之前基本上都没有接触到分子生物学的知识，对肿瘤学的研究也所知甚少。我们从最基本的概念原理学起，在甄老师的指导下很快把我们带入到分子肿瘤学的殿堂。我们逐步熟悉了肿瘤学现代研究的基本问题。这也是我们一生从事的职业。我们很有幸能追随甄老师的足迹，继续从事抗肿瘤药物的研究。在我刚进实验室时，不知道细胞培养是怎么回事，也不知道怎么做动物实验，甄老师都亲自手把手教我们。

甄永苏的学生们感受最深的是他从来没有向任何一位同学发过脾气。有时候他们实验做得不好或者工作中出了什么差错，甄永苏总是以一个长者的身份，耐心听取他们的解释。无论科研过程顺利还是不顺利，结果是成功还是不理想，他总是给学生以极大的空间和自由。如果学生在科研上遇到问题去找他，或者有什么新思路新想法去向他求教，他总是以慈祥恳切的态度提出建议，绝不给学生造成心理不良压力。

秉承公正原则，严格要求学生

甄永苏对录取学生秉持公正的原则，报考他的博士生向来竞争很激烈。有一年，本系统的一位职工，博士入学成绩是第 4 名，而那年甄永苏只能录取 3 名。甄永苏并没有因为是本系统内人员，对他有照顾，仍然严格按照从高分到低分的原则录取。这是甄永苏一贯的原则，违背公正的事情，在他这里是行不通的。他也从不以学生的背景而区别对待，他的学生来自各地各校，既有名牌大学的毕业生，也有一般本科院校毕业生，还有工作多年求学的。在他的眼中，没有高低之分，都是一视同仁，尊重每位学生。即使是底子较差的学生，他也是尽力鼓励和帮助他们。他的一位学生深情地回忆道："在甄老师身边，我时时能感受到他对我的关心、鼓励和支持。我因为以前没有上过本科，只有专科学历，所以总认为自己低人一等。自从硕士毕业后，我从来没有写过文章、投过稿（包括中文），更没有论著在报刊上发表，可是博士毕业要求发表被科学引文索引（SCI）收录的文章，第一次投稿就是向国外投稿，我很发愁，觉得这简直是天方夜谭，简直是从原始社会直接过渡到共产主义社会。甄老师鼓励我'不尝试一下怎么能知道你行不行？'并且告诉我，本实验室的 SCI 文章至少要修改 6 次才能投出去。甄老师帮我修改论文时，我很惊讶地发现，他连标点符号、字母的大小写等这样的细节都帮我修改。现在我也开始独立向 SCI 投稿，有一次居然没有被要求修改，就直接被美国的一家期刊接受了，当时我很高兴，几乎欣喜若狂。冷静下来，仔细想想，这多亏了我有一个十分严谨，对我要求严格的导师。"

在人才培养上，甄永苏并不是放手不管，而是在学生培养的各个环节都制定了完整的规章制度。在培养方向上，学生的每一项选题都要与课题组的科研工作实际需要紧密结合，并注意国内外学术界前沿的现状与发展。课题组定期在一起讨论工作，学生们要撰写工作总结。甄永苏在指导学生过程中一步步告诉学生学会找到下一步工作的重点所在，包括查资料、修改文章都在讨论范围之内。

甄永苏对科研工作认真、求真求实的态度感染了学生们，他经常告诫学生：一定要保证实验结果的可靠性与真实性。有时候学生实验的结果可重复性不好，甄永苏总是让他们一遍一遍地重复。论文写作的时候，经常是篇幅很长，学生们自已有时候都不想仔细读下来。但他们交给甄永苏后，甄永苏总是逐字逐句地修改，有时候把他们用错的标点符号都给改过来了。学生们交给他修改的文章，大到思路，小到符号，甄永苏都改得非常仔细，至少要反复修改多遍才能定稿。

他的学生陈静回忆道：记得在我发表第一篇 SCI 论文之前，甄老师和我讨论了许多遍，从题目的撰写、段落的安排，到某个句式的修辞，每一个单词的应用，以及合适期刊的选择都有涉及。经过半个多月字斟句酌的反复修改，终于可以定稿投出了。就在我马上准备投稿的那一刻，甄老师打来电话，告诉我有一处的标点应该改为句号。从一个小小标点符号，我看到了老师身上严谨求实的大师风范，这些都使我受益终生。

甄永苏严格要求学生们要遵守科研道德，从入学伊始，就告诫他们要杜绝虚假，拒绝剽窃。科学研究是一项崇高而严肃的事业，即使有什么新思路新想法，也要大胆假设，小心求证，不能得过且过，更不能胡编乱造。当时还有学生认为是不是有点小题大做。后来社会上不断出现一些科研院所或高校的研究生发生严重的剽窃行为，使导师蒙羞，使自己前途发展毁于一念的事情，都觉得甄老师有先见之明，避免了他们在科研道路上摔跟头，走弯路。

甄永苏对文章署名很重视，自己亲自指导发表的文章才会署名，对即使同实验组密切相关的课题，但不是自己亲自指导的实验、发表的文章，是绝不署名的。他的学生们申请出国找甄永苏写推荐信，他也总是客观填写，实事求是，其中绝无夸大之词。

严谨周密的管理方法、宽松融洽的学术环境，使师生之间、同学之间结成了亲密无间的深情厚谊[38]。每逢节假日，学生们经常会收到师母陈妙兰的邀请去他们家做客，她当时已经是中国医学科学院副院长和中国协和医科大学副校长，是优秀的医学家和教育家。陈妙兰对甄永苏的所有学生都像自己的亲人。

学生张浩回忆：他考研那年，甄永苏正在美国进修访问，陈妙兰作为中国医学科学院副院长代他选学生，“从众多考试中选了我，饮水思源，师母的知遇之恩，让我终生难忘”。

另一位学生封云回忆道：因为实验安排的问题，有些学生放寒假后会在实验室多留几天，或者假期没结束提前返校。记得有一年留在室里，甄老师知道后特别安排我们到外面聚餐，聚餐的时候，甄老师、陈老师很亲切地和大家聊天，我想是因为老师怕我们过年留在实验室孤单吧，心理暖暖的很感动。和学长聊起这个事，他们说甄老师夫妇以前还在家里为学生准备鱼肉，唯恐大家营养不足。现

---

38 任常青. 沙里淘金费苦辛，药中奥秘细追寻：记中国工程院院士甄永苏教授. //甄永苏主编. 甄永苏院士集. 北京：人民军医出版社，2014.

在甄老师、陈老师害怕给保姆添麻烦，才请大家到外面的餐馆聚餐，安抚同学们思乡的心。

甄永苏、陈妙兰宽厚待人、与人为善的处事方式影响了学生们一生，毕业后他们仍然与甄永苏夫妇保持联系。他们遇到什么科研和工作上的事情，甚至家庭生活的难题也经常请教甄永苏和陈妙兰，也得到了不厌其烦的耐心解答。甚至他们的儿女对甄爷爷、陈奶奶也非常亲近。有时候，学生们带着子女来北京看望甄永苏夫妇，甄永苏和陈妙兰都带孩子们出去玩，一起参观北京的风景名胜。

多年以来，甄永苏培养出了一大批优秀的科研工作人员，他们成为国内外抗肿瘤药物研究的骨干力量。2008年，甄永苏被北京协和医学院授予“协和名师”称号。中国工程院院士、中国医学科学院院长/北京协和医学院校长曹雪涛赞扬甄永苏道：“他不仅学识渊博、学风严谨、坚持创新、尊重实践，而且能团结同事、博采众长、宽厚待人、为人师表，为了科技创新带领大家默默奉献，在我国抗肿瘤药物领域做出了突出贡献。他是我们大家学习的榜样。正是有了像甄院士这样的几代科学家的艰苦努力和无私奉献，才有了今天人民健康和幸福生活的基本保证，前辈们的许多光辉事迹永远是激励我们攻坚克难、奋力前进的精神财富和力量源泉。”

甄永苏的学生们都将在他门下学习的时光视为一生中最美好的日子，真心感谢甄永苏为他们编织了灿烂的未来，给予他们舞动青春翅膀的力量。学生李兴起写道：桃李芬芳路，翠柏满青山，万紫千红最风流，饮水思源，学成念吾师。真心祝愿甄老师青丝华发映日月，松鹤同龄寿比肩！

第二节 抗体靶向药物研究的新进展

进入21世纪后，抗肿瘤单抗药物再度成为生物技术药物领域研究的热点。生物技术也称生物工程，是指人们以现代生命科学的原理为基础，结合其他基础学科的知识，采用各种先进生物工程技术手段，按照人们预先想要获得的目标设计改造生物体或加工生物原料，为人类生产出所需药物或达到某种目的的技术，是由多学科综合而成的一门新兴学科。生物技术药物是集生物学、医学、药学的先进技术为一体，以组合化学、药物基因组学、功能抗原学、生物信息学等高技术为依托，以分子遗传学、分子生物、生物物理等基础学科的突破为后盾形成的产业。生物技术药物，包括细胞因子、重组蛋白质药物、抗体、疫苗和寡核苷酸药物等，主要用于防治肿瘤、心血管疾病、传染病、哮喘、糖尿病、遗传病、心脑血管病、类风湿性关节炎等疑难病症，在临床上已经开始广泛应用。

甄永苏认为，抗体药物是发现与研制新型药物的丰富资源。功能基因组合蛋白质组的研究进展，将为治疗相关疾病和研制新药提供各种新的分子靶点。分子病理学、分子药理学和分子治疗学进一步为抗体药物用于靶向治疗提供了理论基础。一方面，针对新靶点可以研制新的抗体药物；另一方面，天然药物特别是微生物药物的研究进展，将为研制抗体药物提供可以作为高效“弹头”的生物活性分子，用于构建新的抗体药物。在肿瘤治疗方面，抗体药物的研究开发与应用具有广阔前途[39]。

---

39 甄永苏. 抗体药物的科研热点，健康报·学术前沿，2007年10月22日第4版.

他基于多年的抗体药物研究经验，指出抗体药物的重要特点之一是可以定向制造，提出了自己的定向性制备抗体药物理念。他的学生与同事邵荣光曾经做出如下总结：

1. 针对特定的靶分子，定向制备抗体药物。抗体药物研究的趋势表明，随着对某些靶分子生物活性的探讨与确定，制备了相应的、针对特定靶分子的抗体药物。事实上，所有的抗体药物都是针对特定的分子靶点定向制造的。基因组与蛋白质组学研究的进展将为研制抗体药物提供越来越多的、潜在的分子靶点。

2. 抗体药物的“效应分子”（“弹头”药物）可以根据需要进行选择。抗体药物中的抗体药物偶联物或抗体药物融合蛋白的分子包含抗体与效应分子两个组成部分，兼有抗体和“弹头”药物两者的生物活性。不仅抗体部分可以针对特定的靶分子进行定向制备，而且“弹头”部分也可以根据需要进行选择与置换。在研制抗肿瘤的抗体药物中，为了加强对肿瘤药物的杀伤作用，可采用化疗药物、毒素、放射性核素或细胞因子作为“弹头”，与抗体（或抗体片段）构建偶联物或融合蛋白。一系列的化疗药物如阿霉素、平阳霉素、博安霉素、力达霉素、长春新碱、甲氨蝶呤及多种毒素如蓖麻毒素、白喉毒素、铜绿假单胞菌外毒素等均曾作为“弹头”物质，与抗体进行偶联，制备相应的免疫偶联物。抗肿瘤抗生素与抗体的结合可以作为新的技术平台，利用特定的高效“弹头”物质分别与不同的抗体结合，研制系列的、针对不同靶点的抗体药物。

3. 抗体的多样性是定向制备新药的、取之不竭的源泉。抗体的多样性主要表现在抗原的多样性，作用机制的多样性等方面。可分为以下方面：①抗原的多样性。抗体由抗原诱导产生，抗原是单抗药物的靶分子。抗体所针对的抗原可包括半抗原、蛋白、糖蛋白、脂蛋白、多糖、脂多糖、核酸等。人体疾病相关基因及其编码的蛋白，各种病原体及外源蛋白，均可能作为分子靶点（抗原），制备相应的抗体并在此基础上研制抗体药物。在分子水平对疾病过程研究结果显示，潜在的药物靶点数目庞大，均可能作为研制药物的分子靶点。抗原的复杂性、多样性，决定了抗体药物的多样性。②抗体结构的多样性。免疫球蛋白的化学结构特点为抗体的多样性提供了物质基础。针对为数众多的靶分子，可以制备数目庞大的抗体，而针对同一抗原，亦可获得多种多样的抗体。③抗体活性的多样性。针对同一抗原制备的抗体，其生物活性与作用机制不尽相同。甚至有较大的差异。抗体活性的多样性表明，针对相同的分子靶点，可能制备抑制或促进其活性的抗体药物。④抗体药物偶联物与融合蛋白的多样性。抗体药物偶联物是抗体与“弹头”物质的结合，使用各种不同的“弹头”物质进一步扩大了抗体药物作用的多样性。以抗体为基础的融合蛋白，由于在分子中引进了各种细胞因子、肽类药物或毒素，显示了多种多样的生物活性。

邵荣光总结过甄永苏的工作特点：紧跟国际前沿。因为研发前期做到一定程度以后，是企业参与。如果企业不参与，那我们的方向就要改变。国际前沿的新东西，主体方向是不变的，那就是抗体药物。抗体药物最新的东西，他跟得很紧，一旦有新的东西他就做。并不是碰到问题的，就是前沿的东西。前沿不会落下来，肯定是国际最前沿。多年来他的方向一直掌握得很准确，做了很多的研究。

1990 年，应第 28 届日本癌治疗学会学术大会主席邀请，甄永苏到东京出席会议并做报告。在抗体药物的研究中，甄永苏提出了抗体药物高效化的研究方向。他强调，所谓高效化寻求的是利用高效“弹头”药物制备抗体-药物偶联物，以求大大增强对肿瘤靶细胞的杀伤作用。他考虑到根据研究文献，外源性抗体经静脉注入动物体内，能到达肿瘤部位的实际抗体量甚少。因此，必须提高抗体药物的效应强度，有微量抗体药物到达靶部位即可杀伤肿瘤细胞。

经过多年努力，甄永苏课题组在此领域取得了优异的成果。1997 年，甄永苏课题组完成的“微生物来源的新型抗肿瘤物质及其作用机制研究”获得了国家教委授予的科技进步二等奖，课题组成员包括胡继兰、李电东、许永杰、薛玉川、金莲舫、吴淑英、李毅等同志。

我国在制定中长期科学发展规划的基础上，设立了“重大新药创制”科技重大专项，该项目针对肿瘤、心血管病等多种严重危害人民健康的重大疾病，研制创新药物。甄永苏分析了抗肿瘤药物发展的历史趋势，指出自 20 世纪 40 年代氮芥类药物和甲氨蝶呤类抗代谢药开始研究和进入临床应用。几十年来肿瘤药物治疗取得显著进展，临床可用的肿瘤化疗药物可分为合成药、植物药和抗肿瘤抗生素。其中，肿瘤靶向药物包括抗体药物和小分子酪氨酸激酶抑制剂的研究和临床应用取得了令人瞩目的新进展。由于靶向药物的研究与应用，个体化治疗得到快速的发展[40]。

甄永苏在这一领域的科研工作主要包括：

一、转化医学与抗肿瘤药物研究开发

甄永苏敏锐地把握住了国际学术研究与应用的前沿，

40　甄永苏. 分子靶向与综合调节：抗肿瘤药物研发的策略探讨.

注意到生物技术药物在21世纪获得迅速发展。世界各地都出现了兴建生物医药研究和产业园的热潮，加速生命科学和生物技术从学术到商业应用的转化。

甄永苏看到转化医学与抗肿瘤药物研究开发的密切关系，指出转化医学的理念正在促进抗肿瘤药物研发和临床应用。他认为，转化医学是双向的通途，即由实验室到临床以及由临床到实验室。60多年前实验肿瘤学以及化学合成药物、植物药和抗生素等药物领域研究的进展，大大推动了肿瘤化疗药物的研制；临床应用结果表明，化疗药物对绒癌、儿童白血病等有显著的疗效；各种各样的联合用药方案对不同的肿瘤有一定程度的缓解作用。但临床结果也表明，化疗药物可产生较显著的毒副作用并可诱导肿瘤耐药。因此，提高药物对肿瘤细胞的选择性杀伤，增强疗效，降低毒性与克服耐药，成为抗肿瘤药物研究与开发的基本方向。多年来肿瘤分子生物学与系统生物学领域的进展加深了人们对肿瘤的生物学本质和病理学特征的认识。基础研究的成果为发展新药提供了相关的分子靶点，针对特定靶点研制新药，一系列的靶向药物（抗体药物、酪氨酸激酶抑制剂）的应用为临床治疗肿瘤提供了有力的武器。靶向药物的临床研究和应用也为药物研究工作提供了重要的信息。

二、高效“弹头”药物及偶联方法研究

为了减少细胞毒药物的全身毒性，将药物与具有肿瘤靶向作用的抗体分子偶联，构建细胞毒—生物靶靶向偶联物，实现高效的药物递送，成为抗体药物开发的新策略。目前，以单克隆抗体—药物偶联物（简称ADC）的开发最

为成熟。ADC 经靶向介导入细胞后，在细胞内的化学或酶解作用下释放出细胞毒性药物，对靶细胞产生杀伤作用。ADC 药物由起靶向作用的抗体与能杀死癌细胞的“弹头”药物两部分构成。

抗体所针对的靶标通常为肿瘤细胞表面的肿瘤相关抗原或特定的受体。用作“弹头”的物质主要有三类，即放射性核素、药物和毒素，其与抗体连接分别构成放射偶联物、化学偶联物和免疫毒素。有证据表明，ADC 单用即对化疗不敏感的肿瘤患者有较高的客观反应率，因此它将成为一类重要的肿瘤治疗剂。

ADC 药物由抗体、细胞毒基团及连接物共同构成。在 ADC 药物研究中，连接物的构建是难点之一。它必须具备一定的稳定性，在未达到靶细胞前，要确保 ADC 药物的完整性；进入靶细胞后，它又要确保“弹头”药物的有效释放。ADC 药物中抗体负载的“弹头”数量也取决于连接物。早期 ADC 药物的研发失败，多是由于连接物技术的落后，后者直接影响了 ADC 药物的安全性和有效性。

ADC 技术平台包括细胞毒药物的筛选、连接子技术和偶联方法以及裸抗体。因此，抗体的靶向性质、连接子与抗体及“弹头”药物的连接效率和稳定性，以及“弹头”药物的抗肿瘤活性都直接影响着 ADC 药物的成药性，尤其是连接子的设计与连接方法是该类药物的研究关键。

ADC 药物主要依靠“弹头”药物杀伤肿瘤细胞，要取得良好疗效，高效“弹头”至关重要。常用于偶联单抗的化疗药物如阿霉素、丝裂霉素等，虽然对肿瘤细胞有相当强的杀伤作用，但作为“弹头”仍需用十来个或数十个药物分子去连接一个抗体分子以加强偶联物的活性。但如果一个抗体连接的“弹头”太多，“臃肿的体态”在体内会影响抗体功能，体内药代动力学等问题不好解决。甄永苏领导的课题组多年来一直致力于ADC研究，研制的力达霉素等高效“弹头”对肿瘤细胞有强烈杀伤作用，比丝裂霉素或阿霉素强1000倍以上。目前制备了多种针对不同靶标的抗体与力达霉素的融合蛋白，在动物体内均有显著的抗肿瘤疗效，其中有的已进入系统的临床前研究。

抗体的优化是另一个关键问题。甄永苏指出，单抗及其偶联物均为大分子物质。庞大的药物分子难于透过毛细管内皮层和穿过肿瘤细胞外间隙到达实体瘤的深部。而使用抗体片段，如Fab、Fab′制备分子量较小的偶联物，可能提高对细胞外间隙的穿透性，增加到达深部肿瘤细胞的药物量。“小型化或适度的小型化是研制ADC药物的重要途径”。

三、开展胞内抗体基因治疗以及靶向肽药物研究

甄永苏的学生邵荣光回国后，他们一起开展了抗体研究，合作发表论文“胞内抗体肿瘤基因治疗”。他们指出：自杂交瘤和单克隆抗体技术问世以来，科学家们一直尝试将该技术用于肿瘤治疗，抗体工程的进展使得对抗体分子进行改造成为可能，研制具有高亲和力和特异结合力的基因工程抗体。同时，研究界对细胞内蛋白传导信号也有了更深入了解，从而可将基因工程抗体导向不同的亚细胞室，上述两项重要进展的结合派生出了胞内抗体技术。该技术是指应用基因重组技术在非淋巴细胞内表达具有生物活性的抗体，并通过对抗体分子进行适当修饰，使之定向分布于细胞核、细胞质或某些细胞器中，从而特异性干扰或阻断分布于该部位的某些生物大分子的活性或加工、分泌工

程，引起细胞的一系列生物过程发生改变。这项技术可阻断细胞内重要靶蛋白，可能对基础医学研究和肿瘤的基因治疗产生深远的影响。它可作为一类新分子用于肿瘤的基因治疗，胞内抗体技术可以用作药理学研究手段分析靶蛋白的功能，开辟了一条简便有效的灭活癌相关蛋白的新途径，可使人们进一步深入了解癌相关蛋白改变细胞生长和推动癌转化的机制，该技术将在基础医学研究、癌转化机制研究和肿瘤等疾病的基因治疗中发挥重要作用，以胞内抗体为基础的肿瘤靶向基因治疗的研究进展将使肿瘤基因治疗的理论和临床研究水平上升到一个新的高度。

2014 年，甄永苏课题组开展了利用大肠埃希菌表达基于抗表皮生长因子受体的单链抗体和靶向肽研究。表皮生长因子受体是一种跨膜糖蛋白，具有酪氨酸激酶活性，是肿瘤治疗中一个公认的靶点。由于肿瘤是多阶段形成的复杂性疾病，整合治疗成为公认的最佳治疗方案。近年来抗肿瘤药物研究中发现，具有多靶点抑制作用抗肿瘤药物的疗效要明显优于单靶点药物。甄永苏课题组的这项研究制备了由抗 EGFR 单链抗体和环状 NGR 肽构成具有双靶向特性的重组融合蛋白 ER（Fv)-NGR。体外实验显示，ER (Fv)-NGR 对 EGFR/CD13 过表达肿瘤细胞有良好的亲和力，与低表达细胞结合较少，特异性较高。同时该研究还发现，不含有效应分子（Fc 段）的重组蛋白 ER（Fv)-NGR 对肿瘤细胞增殖以及肿瘤组织生长也有一定的抑制作用。研究显示，EGFR 相关信号转导通路的活化能引起包括细胞增殖、分化、运动、侵袭、黏附和细胞修复的多种细胞反应。CD13 不但能够通过肽的水解作用传导信号，而且其本身也能够是通过抗 EGFR 单链抗体和环状 NGR 肽共同作用于相关细胞信号通路而实现的，其分子构件具有靶向分子和功能性分子双重功效。重组融合蛋白 ER（Fv)-NGR 的成功制备及抗肿瘤活性的验证为研制新型双靶点抗肿瘤药物提供依据。

第三节 抗肿瘤生化调节药物的研究

甄永苏致力于需求具有抗肿瘤生化调节药物的研究，把研究关注点放在肿瘤微环境与综合药物调节上面。在人体内，肿瘤的生长不是由于单纯的肿瘤细胞数量增多，而是与机体的组织细胞密切相关。肿瘤本身构成一个复杂的微环境。主要包括：肿瘤细胞群体的持续增殖与凋亡中，前者超过后者；肿瘤血管生成以及形成不完整的、外露的血管网络；缺乏淋巴管；炎症性细胞浸润，包括单核细胞、淋巴细胞、中性粒细胞以及产生相关的细胞因子；成纤维细胞、基质以及相关的基质金属蛋白酶；肿瘤细胞内与细胞外的物质传输，包括摄取与外排；肿瘤在低氧状态的各种变化。针对肿瘤微环境的各个环节进行靶向调节，可以帮助抗癌药物取得良好的治疗效果。

生化调节剂作用于生化代谢的特定环节或特定靶点，增强药物的抗肿瘤效果或降低其毒性，而且能够逆转肿瘤细胞对抗肿瘤药物的耐药性。茶多酚和大黄素（大黄酸）是他重点研究的对象。

茶叶是世界范围内深受人们喜爱的饮品之一，具有很好的保健功能，它的主要成分的药理学作用也越来越受到医学研究界的重视。茶叶中的药理学活性成分主要包括茶多酚、茶氨酸、咖啡因、茶多糖、茶色素等，其中茶多酚的作用非常广泛[41]。根据生产工艺不同，茶叶大致分为三个主要类别，即绿茶、红茶、半发酵茶。其中绿茶以含有丰富的茶多酚（tea polyphenols，TPs）等有效生物活性物质而备受关注。这些多酚以单体形式存在，占茶叶干重的30%～40%，主要成分为儿茶素，约占其总量的80%。这些儿茶素主要包括：表儿茶素、表儿茶素没食子酸酯、表没食子儿茶素和表没食子儿茶素没食子酸酯、儿茶素没食子酸、儿茶素C等。其中约占儿茶素50%的表没食子儿茶素没食子酸酯含量最高，活性最大。实验研究表明，绿茶提取物能够抑制核苷转运，增强抗代谢药物的抗肿瘤活性。肿瘤细胞内核苷补救活性高于正常细胞，因此抑制核苷补救就能增强代谢药物的抑瘤活性。核苷转运是核苷补救的第一步，抑制核苷转运也能增强代谢药物的抗肿瘤作用。

茶多酚（TPs）作为绿茶的主要活性成分，具有广泛的生物学作用，如中度选择性抗肿瘤活性，能够增强抗肿瘤药物的抗肿瘤活性、降低抗肿瘤药物的毒性、逆转耐药性等，可以作为生化调节剂。茶多酚能抑制基因突变，减少基因毒性，抑制正常细胞转化为癌细胞，清除氧自由基，抗脂质过氧化；抑制肿瘤细胞增殖，引起细胞周期阻滞，诱导肿瘤细胞凋亡，抑制肿瘤血管形成以及肿瘤侵袭和转移，调节多种基因的表达和机体酶的代谢，调节生长因子受体介导的多种激酶的活性，从而发挥对肿瘤发生发展的预防和治疗作用。它在肿瘤预防和治疗中的作用靶点广泛，能抑制生长因子介导的信号通路，降低丝裂原活化的蛋白激酶和活化蛋白转录因子-1的活性，阻断NF-κB信号通

41　陈淑珍，甄永苏. 茶氨酸的药理学作用及机制. 医学研究杂志，2013，42（11）：17.

路，减少蛋白酶体活性，减低 COX-2 过度表达，减弱肿瘤细胞二氢叶酸还原酶和端粒酶的活性，抑制 DNA 甲基化和基质金属蛋白酶的活性等。茶多酚能增强传统抗肿瘤药物或靶向抗肿瘤药物的抑瘤作用，能逆转肿瘤细胞对长春新碱（VCR）、多柔比星、氟尿嘧啶等的耐药性，同时对顺铂引起的肾毒性、伊立替康导致的肠毒性以及博来霉素引起的基因毒性均具有减缓作用，茶多酚还可以通过免疫调节增加肿瘤疫苗的抗瘤作用。可见，茶多酚与抗肿瘤药物联用具有增效、减毒以及逆转耐药性的作用。

大黄素与大黄酸研究是甄永苏开展的另一个研究方向。肿瘤细胞产生的多药抗药性是肿瘤化疗的主要障碍，它可促使肿瘤细胞对多种结构类型和作用机制不同的药物同时产生抗药性，从而大大降低抗肿瘤药物的疗效。因此研制能逆转多药抗药性的化疗增效剂是肿瘤研究的一大热点。

大黄素是常用中药大黄的主要成分，是一种来源于植物的酪氨酸激酶抑制剂，它通过竞争 ATP 结合位点，进而抑制激酶活性。已有研究显示大黄素对小鼠黑色素瘤、艾氏腹水癌和 P388 白血病等移植性肿瘤有一定抑制作用。大黄素还能抑制人肺癌 A549 细胞的分裂并对细胞有杀伤作用，与抗癌药物合用对癌基因 HER-2/neu 过度表达的人肺癌细胞有协同杀伤作用。甄永苏课题组在研究中发现大黄素有核苷转运抑制活性，它能增强抗癌药物的细胞毒作用，对肿瘤细胞的抗药性也有逆转作用。实验显示：①大黄素具有抑制核苷转运作用。②大黄素可以增强抗癌药物的细胞毒作用。③大黄素可以逆转肺癌细胞的抗药性。④大黄素对 Rh123 在肺癌细胞中蓄积和外排发生影响，增加了 Rh123 在肺癌细胞中的蓄积并减少其外排。⑤大黄素对肺癌细胞中 Pgp 表达发生影响，可以降低 Pgp 的表达。

该项实验显示大黄素能抑制肿瘤细胞的核苷转运，它所具有的逆转肿瘤细胞多药抗药性的作用可能与其核苷转运抑制活性相关。这一研究提示以肿瘤细胞的核苷转运为作用靶点可能为研制新型抗肿瘤生化调节剂特别是逆转多药抗药性药物提供新的思路。

甄永苏的课题组经过研究确定，大黄素是一种Ⅳ型胶原酶抑制剂，能抑制肿瘤的转移相关性质。2001 年，课题组在《癌症》发表了“大黄素抑制人高转移巨细胞肺癌 PG 细胞的肿瘤转移相关性质”。PG 细胞是一种高转移的人巨细胞肺癌细胞株，其显著特征之一是分泌大量的基质金属蛋白酶，尤其是 MMP-2 和 MMP-9，PG 细胞体外增殖能力强。

研究结果显示：①大黄素对肿瘤细胞的增殖抑制作用。MTT 法检测大黄素对人结肠癌细胞、人乳腺癌细胞、人巨细胞肺癌 PG 细胞、人口腔鳞癌细胞、人肝癌细胞等肿瘤的增殖的抑制作用。大黄素对各种来源于不同组织的恶性肿瘤细胞均有一定程度的增殖抑制作用。②大黄素抑制人肺癌 PG 细胞分泌Ⅳ型胶原酶。以明胶酶谱法检测大黄素对 PG 细胞分泌 MMP-2 和 MMP-9 的作用。结果显示，大黄素对 PG 细胞分泌 MMP-2 和 MMP-9 的分泌均有很强的抑制作用，这种抑制作用呈浓度依赖性。衡量药物对肿瘤细胞分泌明胶酶水平的影响，是评价该药物抗侵袭作用的一个重要方面。明胶酶谱法表明，大黄素能抑制 PG 细胞分泌Ⅳ型胶原酶，同时可使其侵袭能力显著降低，提示导致侵袭能力降低的主要原因是大黄素抑制Ⅳ型胶原酶的分泌。③大黄素能明显抑制 PG 细胞侵袭重组基底膜的能力。④大黄素不影响 PG 细胞同胞外基质的黏附。以 MMT 法检测大黄素对PG细胞同细胞外基质成分纤粘连蛋白FN、层粘连蛋白LN以及Matrige1的黏附，结果表明大黄素对PG细胞同细胞外基质成分的黏附没有影响。⑤大黄素将PG细胞周期阻断于G2+M期。⑥大黄素对PG细胞周期相关蛋白表达的影响。研究显示，大黄素能明显抑制PG细胞cyclin B1蛋白表达。

甄永苏课题组的研究表明，大黄素能够抑制包括PG细胞在内的来源于多种肿瘤组织的恶性细胞增殖，提示大黄素具有广谱的抗肿瘤细胞增殖作用，但不同肿瘤对大黄素的敏感性不同。大黄素能够降低肿瘤的转移相关能力，提示大黄素具有潜在的抗肿瘤转移作用。

第四节 继往开来

近年来，甄永苏依然坚持在科研工作最前沿，开展了一系列创新性研究工作，先后出席重要学术会议并做学术报告，在国内外重要学术期刊发表论文，成果累累。

2011年，甄永苏出席了在福州召开的“医学前沿论坛暨第四届分子靶向药物研究与应用研讨会”，并担任会议主席，在会上报告了“基于抗体和配体寡肽的抗肿瘤药物研究”；应邀出席在北京召开的“中国纳米生物技术发展论坛会议”，在会上报告了“抗体纳米药物研究进展与策略思考”；应邀出席在北京召开的“健康医学与个体化诊疗研讨会”（中国工程院医药卫生学部和北京中医药大学主办），在会上报告了“靶向综合调节与肿瘤个体化治疗的思考”。

甄永苏研究组发表论文：“重组内皮抑素与地塞米松协同抑制血管生成及肝癌生长”、“抗CD20单链抗体与力达霉素强化融合蛋白的制备及其抗肿瘤活性”。

2012年，甄永苏应邀出席在深圳召开的“医学前沿论坛暨第二届个体化治疗与抗肿瘤药物研究新趋向研讨会”，并担任会议主席在会上报告了“综合靶向调节-抗肿瘤药物研究策略探讨”；应邀出席在福州召开的“海峡两岸天然活性产物学术研讨会”，在会上报告了“抗肿瘤抗生素研究进展与策略探讨”应邀出席在天津召开的“医学前沿论坛暨第五届分子靶向药物与细胞治疗研究和应用研讨会”，担任会议主席，在会上报告了“分子靶向与综合调节-抗肿瘤药物研究思考”。

甄永苏研究组发表论文“靶向表皮生长因子受体（EGFR）的抗体Fv片段与力达霉素融合蛋白的构建及其抗肿瘤作用”、“平阳霉素下调表皮生长因子受体的表达并增强西妥昔单抗对裸鼠移植食管癌的抑瘤作用”。

2013年，甄永苏应邀出席在洛阳召开的“2013医学前沿论坛暨第13届全国肿瘤药理与化疗学术会议”，在会上报告了“抗肿瘤多靶抗体药物研究进展”；应邀出席举行的“肿瘤药学基础研究与临床应用国际论坛”，在会上报告了“抗肿瘤抗体药物研究进展与策略探讨”；应邀出席在南京举行的江苏省放射生物学学术会议，在会上报告了“抗体药物研究进展及其用于治疗食管癌的探讨”；应邀出席在成都举行的第十二届全国抗生素学术会议，在大会特邀报告“抗肿瘤抗生素与相关抗体药物研究进展”；应邀出席在广州召开的“2013医学前沿论坛暨第六届分子靶向药物与肿瘤免疫学研究及应用研讨会”，担任会议主席，在会上报告了“双特异性抗体与双靶向抗体药物偶联物研究进展”。

2013年，甄永苏研究组发表论文：“NGR整合与烯二炔强化的辅基蛋白的抗肿瘤作用”、“力达霉素与硼替佐米治疗多发性骨髓瘤的实验研究”、“内皮抑素与力达霉素基因工程融合蛋白的构建及其抗肿瘤作用”、“力达霉素与紫杉醇协同抑制小鼠乳腺癌生长及其肺转移”、“EGFR/CD13双特异性强化融合蛋白的构建及其抗肿瘤作用研究”。

2014 年，甄永苏应邀出席在天津举行的第八届中国生物产业大会，任“以生物技术带动生物产业链发展主题论坛”主席，在论坛报告了“抗体药物研究的策略思考”；出席在深圳举行的“2014 医学科学前沿暨第三届个体化治疗与抗肿瘤药物研究新趋向研讨会”，任会议主席，在会上报告了“兼顾肿瘤微环境的抗肿瘤药物研究进展”。

2014 年，甄永苏研究组发表论文：“EGFR/CD13 双靶向融合蛋白及其烯二炔偶联物的抗肿瘤作用”、“MMP-2/9 定向联合增强 EGFR/HER2 双靶向融合蛋白与吉西他滨的抗肿瘤活性”、“双靶向融合蛋白与化疗药物联合的抗肿瘤作用研究”、“平阳霉素与 CD13/APN 靶向肽偶联物的构建及其抗水解酶作用”、“力达霉素与替莫唑胺治疗脑胶质瘤的实验研究”、“力达霉素与右旋糖酐偶联物的制备及其抗肿瘤作用研究”、“格尔德霉素与力达霉素联合对 DNA 损伤修复的作用”、“促吞噬素与力达霉素融合蛋白的构建及其抗肿瘤作用与下调 CD47 表达”、“多功能药物组方具有高度疗效的实验研究”。

2015 年，甄永苏应邀出席在沈阳举行的“2015 医学前沿论坛暨第十四届全国肿瘤药理与化疗学术会议”，在会上报告了“抗肿瘤抗体偶联药物（ADC）的研究进展与策略思考”。

2015 年，甄永苏研究组发表论文：“靶向 MMP-14 的 TIMP2 基因工程融合蛋白的构建及抗肿瘤作用研究”、“抗明胶酶单链抗体与融合蛋白抗肿瘤作用机制与疗效研究”、“力达霉素定点 PEG 化及其抗肿瘤作用”。

2016 年，甄永苏出席“第四届个体化治疗与抗肿瘤药物研究新趋向研讨会”，做关于“研制 K-Ras 靶向药物的新途径探讨”的学术报告。12 月应邀出席浙江省肿瘤学学术年会，在会上报告了“肿瘤靶向抗体药物研究进展”。

2016 年，甄永苏研究组发表论文：“一种新的硝基苯甲酯化合物抑制微管与克服多药抗药性”、“一种定制重组防御素显示巨胞饮介导的细胞摄取及其对 K-Ras 突变胰腺癌的疗效”、“肉桂酸对组蛋白去乙酰化酶的抑制及其抗肿瘤作用”。

2017 年，甄永苏研究组发表论文：“肉桂酰吩嗪——一种新型组蛋白去乙酰化酶抑制剂伴有巨胞饮亢进”、“一种 CD13 靶向肽整合的蛋白杀伤肿瘤干细胞并抑制血管生成”、“光辉霉素纳米粒抗胰腺癌作用研究”、“EGFR/MMP-2 双靶向融合蛋白对非小细胞肺癌的结合及其抗肿瘤作用研究”、“EGFR/CD13 双靶向重组蛋白诱导细胞凋亡并抑制血管生成”。

2018 年，甄永苏研究组发表论文：“一种对纤维肉瘤有高度结合能力的重组与重建蛋白的抗肿瘤作用研究”、“一种基于白蛋白域的 scFv 单链抗体显示巨胞饮亢进和抗 K-Ras 突变胰腺癌的作用”、“苯硫基化哒嗪酮新化合物 IMB5043 的抗肿瘤作用及机制研究”、“EGFR 靶向的定制防御素融合蛋白抗肿瘤作用研究”。

甄永苏曾经多次回顾新中国成立以来，自己所经历的中国医学科学发展历史，总结自己多年科研经验，寄语新世纪科研工作者，展望所从事科研领域的未来发展。

甄永苏反复思考自己走过的科研工作历程，曾经做过如下总结：

“我于1949年入学中山大学医学院，有幸成为新中国培养的第一代大学生。感谢母校老师的谆谆教导，使我掌握医药科学的基础理论知识，认清努力的目标和方向。1954年毕业后参加科研工作，得到中国医学科学院北京协和医学院及研究所领导与前辈老师的关怀和指导，使我从初入科学殿堂的学生成为从事医药科学研究与教育的学者。半个多世纪以来，我的科研集体团结合作，积极探索，努力实践，抗肿瘤药物研究与开发得到新的进展。我对有关领导、前辈老师和各位同事深表感谢。

饮水思源，我深切怀念父母和心存感恩。父母从小教导我勤奋学习，以诚待人；虽然当时社会动荡、处境艰难，他们仍竭力使我有接受学校教育的机会。我的老伴与我同窗同事，道合志同，相伴偕老，忧乐与共；两子自幼懂事，好学上进，现在都拥有温馨的小家庭。这都是我幸福生活的依托。”

甄永苏科研成就与特点，可以总结为以下方面：

1. 他经历了旧中国的内忧外患，颠沛流离，拥有强烈的求知欲和社会责任感，把对抗癌症这一恶性疾病作为自己毕生的事业。在长达60多年的时间里，他把自己的精力都投入到寻找天然来源的抗肿瘤药物的研究领域中，在抗肿瘤抗生素、抗体靶向药物、抗肿瘤生化调节剂的研制上取得显著成就。

2. 他在长期的科研生涯中始终一心一意，无论遇到什么风浪，都坚定不移、坚持不懈地进行自己的研究事业，踏踏实实做人，勤勤恳恳做事，做新中国、做党和人民最需要的工作。

3. 他的科研风格是勤于思考，重在实践。一方面，他始终努力追寻本学科领域的前沿问题和发展趋势，一旦选定了研究方向就持之以恒、深入细致地开展工作，绝不动摇；另一方面，他善于处理科研工作中遇到的难题、困境，从中寻找新发现，新机遇，与时俱进，创新发展。

附录1　甄永苏年表

1931 年 11 月 10 日，生于广东省台山县（现台山市）公益埠（镇），家住中兴街 9 号。祖籍为广东省开平县（现开平市）新昌埠簕冲乡龙凤里。

1938 年上半年，进入公益“公理小学”读小学一年级。日寇飞机常来轰炸。一年级下学期基本停学。年底全家迁至台山县大江区来安墟镇避难。

1939 年，台山县大江区来安墟来安小学读二年级（上、下学期）。

1940 年，台山县公益埠如柏小学读三年级（上、下学期）。

1941 年，读四年级。因日寇侵犯，大部分时间停学。

1942 年，开平县新昌簕冲乡大塘基小学（现为簕联小学），读五年级。

1943 年半年，新昌中心小学（现为新昌达德学校）读六年级上学期。

1943 年 9 月，进入台山县荻海（现属开平）风采中学读初中一年级。

1944 年 5 月，盘踞江门市日寇再次侵犯，长期占领台山、开平等地，被迫停学，年底全家迁往恩平县城避难。

1945 年上半年，在恩平县立中学初中二年级上学期就学。8 月日本投降，全家返回故乡台山县新昌（现属开平）。就读风采中学初中二年级下学期。

1946 年，入广东省立越华中学就读高中。

1949 年 7 月，广东省立越华中学高中毕业。

1949 年 8 月，考入国立中山大学医学院。12 月进入中山大学医学院学习。甄永苏与陈妙兰是同班同学。

1953 年 9 月，甄永苏与陈妙兰共同进入第三届全国病理高级师资班学习。在梁伯强教授、秦光煜教授、李瑛教授等老师指导下学习病理学（包括病理诊断、教学与科研）。

1954 年 7 月，毕业于中山大学医学院。

1954 年 8 月，甄永苏与陈妙兰到北京中央卫生研究院病理系参加工作。在杨简教授和王衡文教授指导下从事实验肿瘤学和实验病理学研究。

1955 年，在李漪教授指导下从事实验肿瘤学研究半年，开展关于小鼠诱发性肿瘤包括胸腺瘤的发生与发展过程研究。

1955年11月19日，甄永苏与陈妙兰在北京结婚。

1956年，开展抗肿瘤抗生素研究。

1958年，中央卫生研究院与北京协和医学院合并，成立中国医学科学院。到协和医学院病理系工作。7月，调到抗生素系工作，具体负责抗肿瘤抗生素研究任务。10月，应苏联医学科学院的邀请，参加中国代表团，出席在莫斯科举行的“第一届国际抗肿瘤抗生素学术会议”。会议期间曾提交研究工作报告“抗肿瘤抗生素4936研究”。11月，从苏联医学科学院肿瘤研究所带回10余种可用于药物研究的动物移植性肿瘤瘤株。同月，抗菌素研究所成立各研究组。担任为肿瘤研究组组长和抗肿瘤抗生素任务组组长。

1959年，开展菌种发酵液样品的大量筛选工作。

1961年，任中国医学科学院抗菌素研究所学术委员会委员。

1962年，任助理研究员。到中国医学科学院协和医院病理系学习研究肿瘤病理，重点研究历年的肿瘤病历资料和标本。

1963年，在中国医学科学院药物研究所从事抗肿瘤药物药理研究。

1965年，回到中国医学科学院抗菌素研究所开展抗肿瘤抗生素筛选研究，建立抗组织细胞谱方法，并应用于筛选抗生菌发酵液样品。获得筛选阳性的684号菌株，其活性成分经理化性质研究，定名为光辉霉素。

1966年，建立精原细胞法并开展放线菌发酵液样品筛选。

1969年，研究组从浙江平阳县土壤标本中分离得到放线菌72号，其发酵液有显著抗肿瘤作用，其中活性成分经理化性质研究定名为争光霉素。

1970年，争光霉素与光辉霉素分别进入临床研究。

1971年，中国医学科学院药物研究所与抗菌素研究所合并，与李焕娄共同担任药物研究所抗生素系业务负责人。参加中国医学科学院肿瘤医院医疗小分队，到河南林县（现为林州市）进行关于食管癌的调研工作。

1973年，开展关于平阳霉素的研究以及抗肿瘤抗生素筛选。

1977年，光辉霉素获中国医学科学院科技奖。

1978年，平阳霉素通过鉴定投产。争光霉素获全国科学大会成果奖。通过国家举办的首批留学人员考试，并得到中国医学科学院黄家驷院长推荐，准备前往美国做访问学者。长子甄维平考入北京医学院基础医学系学习。次子甄维宁考入北京大学生物学系学习。

1979年，中国医学科学院药物研究所与抗菌素研究所再度分开。任中国医学科学院抗菌素研究所副研究员，肿瘤研究室主任。10月赴美国约翰·霍普金斯大学医学院药理与实验治疗学系从事免疫与药理研究。

1980年，在美国从事单克隆抗体与白细胞分化研究，以及白血病细胞的趋化肽受体的表达研究。

1981年，应美国著名肿瘤生物化学与药理学家George Weber教授邀请，于2月转到美国印第安纳大学医学院，作为客座教授，从事实验肿瘤与生化药理研究。

1982年2月，回国，中国医学科学院抗菌素研究所副研究员，肿瘤研究室主任。继续开展抗肿瘤抗生素研究，并开展抗肿瘤单克隆抗体靶向药物以及抗肿瘤生化调节剂的研究。

1982年，担任硕士研究生导师。8月出席“第13届国际癌症大会”（美国西雅图），在专题会上报告核苷转运抑制剂对肿瘤细胞影响的研究。首次证明核苷转运抑制剂潘生丁可增强抗代谢药的抗肿瘤作用，指出抗代谢药与核苷转运抑制剂联合使用的重要性。10月，出席全国科学技术奖励大会。“广谱抗肿瘤抗生素平阳霉素”获国家发明奖二等奖。

1983年8月，应第13届国际化疗学术大会（维也纳）主席Karrer的邀请，出席会议并在抗癌药物筛选模型与方法的专题会上报告。主题是用精原细胞法筛选抗肿瘤药物。9月出席第一届全国肿瘤药理及化疗学术会议（大连），在会上做“单克隆抗体与肿瘤治疗”学术报告。

1985年，晋升为研究员。继续任中国医学科学院抗菌素研究所肿瘤研究室主任。“抗癌药物筛选方法——精原细胞法”获中国医学科学院中国协和医科大学成果奖（第1完成人）。

1986年，获国家人事部颁发的“国家级中青年有突出贡献专家”称号。任博士研究生导师。任中国医学科学院中国协和医科大学学术委员会委员。2月至8月美国印第安纳大学医学院实验肿瘤学系，客座教授。在该校从事肿瘤生化代谢与药理研究。8月应邀到美国国立癌症研究所（NCI），做关于抗肿瘤药物筛选方法的报告。8月出席第14届国际癌症大会（匈牙利，布达佩斯），在专题会上报告关于平阳霉素和博安霉素的抗肿瘤作用研究。

1987年，抗菌素研究所更名为医药生物技术研究所。任卫生部生物技术专家咨询委员会副主任委员。承担国家863高技术项目课题，研究抗体药物的高效

"弹头"药物。出席第二届全国肿瘤药理及化疗学术会议（杭州），做核苷转运抑制剂在肿瘤化疗中的应用研究报告。

1988 年，任第七届北京市政协委员。

1989 年，任中国药理学会理事。出席全国肿瘤防治学术讨论会（北京），做博安霉素的抗肿瘤作用研究报告。出席第三届全国肿瘤药理及化疗学术会议（南宁），做"单克隆抗体导向药物治疗肿瘤"的研究报告。

1990 年，应邀参加第 28 届日本癌治疗学会学术会议（日本东京），做关于"博安霉素及其抗体偶联物对裸鼠移植癌瘤的疗效"研究报告。"核苷转运抑制剂增强抗代谢药抗肿瘤作用"获中国医学科学院中国协和医科大学科技进步奖一等奖（第 1 完成人）。

1991 年，获国务院颁发政府特殊津贴。任卫生部生物技术领导小组成员。与阮继生教授共同承担国家自然科学基金重大项目"云南省放线菌生态分布及其资源前期开发"（1991—1995）。并负责其中的子课题"抗肿瘤抗生素研究"。出席美国癌症研究协会（AACR）学术年会，发表关于"高效抗肿瘤抗生素与单克隆抗体偶联物"的研究。

1992 年，任中国抗癌协会肿瘤转移专业委员会常务委员。"博安霉素单克隆抗体偶联物抗肿瘤作用研究"获中国医学科学院中国协和医科大学科技进步奖一等奖（第 1 完成人）。出席第四届全国肿瘤药理及化疗学术会议（郑州），报告"抗肿瘤转移药物研究进展"。

1993 年，任中国医药生物技术协会理事。任中国生物工程学会理事。任第八届北京市政协委员。

1994 年，在美国印第安纳大学医学院实验肿瘤学系做客座教授，进行为期 3 个月的研究。任"第 8 届嘌呤和嘧啶人体代谢国际学术会议"国际委员会委员，出席会议（美国，布卢明顿）并在会上做关于"天然来源的核苷转运抑制剂"报告。

1995 年，"核苷转运作为肿瘤化疗靶点的研究"（第 1 完成人）获国家教委科技进步奖一等奖。出席第五届全国肿瘤药理及化疗学术会议（天津），报告"抗肿瘤导向药物研究的进展"。

1996 年，"抗肿瘤单克隆抗体免疫偶联物的构建及其分子小型化研究"（第 1 完成人）获国家教委科技进步奖二等奖。"微生物来源的新型抗肿瘤物质及其作用机制研究"（第 1 完成人）获国家教委科技进步奖二等奖。

1997 年，当选中国工程院院士。获北京市优秀教师称号。任在奥地利举办的“第 9 届嘌呤和嘧啶人体代谢国际学术会议”的国际委员会委员，在会上做核苷类抗生素云南霉素的抗肿瘤作用研究报告。任中国医药生物技术协会常务理事。

1998 年，出席中国工程院第四次院士大会。《中国医学科学院中国协和医科大学院校报》（1998 年 2 月 1 日）刊文：“勤奋 敬业 乐群——访新当选的中国工程院院士甄永苏教授”。任国家新药研究与开发专家委员会委员。受聘山东省医学科学院客座教授。受聘中山医科大学名誉教授。出席美国癌症研究协会（AACR）学术年会，发表关于“云南霉素的抗肿瘤作用研究”和“肉桂酰胺的生化调节剂作用”。出席第六届全国肿瘤药理及化疗学术会议（泰安），报告“天然来源的抗肿瘤生化调节剂”。

1999 年，参加新中国成立五十周年国庆观礼活动。任第 22 届中华医学会理事。获首届“柯麟医学奖”。

2000 年，出席中国工程院第五次院士大会。任泰达（天津经济开发区）高技术指导委员会委员。出席美国癌症研究协会学术年会（美国，旧金山），发表“小型化免疫偶联物的抗肿瘤作用研究”；课题组刘小云获会议颁发“青年学者奖”。应邀出席第一届国际抗体工程技术及应用研讨会，做“抗肿瘤免疫偶联物的分子小型化研究”报告。

2001 年，获何梁何利基金科学与技术进步奖。受聘福建医科大学名誉教授。任中国抗癌协会抗癌药物专业委员会主任委员。任中国药理学会肿瘤药理专业委员会主任委员。出席第七届全国肿瘤药理及化疗学术会议（福州），报告“单克隆抗体药物治疗肿瘤的研究进展”。任北京市崇文区科协主席。

2002 年，出席中国工程院第六次院士大会。任中国药理学会理事。任第八届国家药典委员会委员。任中国抗癌协会第五届理事会常务理事。受聘山东省肿瘤医院名誉教授。任《现代生物技术制药丛书》（化学工业出版社出版）编委会主任。主编专著《茶的生物活性与治疗潜能》（TEA：Bioactivity and Therapeutic Potential）在伦敦和纽约出版（Taylor & Francis）。和邵荣光共同主编专著《抗体工程药物》（化学工业出版社）在北京出版。

2003 年，任中国医药生物技术协会单克隆抗体专业委员会主任委员。经多年临床前研究，力达霉素（C-1027）获批准进入临床研究。受聘广东省江门市人民政府科技顾问。出席第八届全国肿瘤药理及化疗学术会议（广州），报告

“抗体工程药物治疗肿瘤的研究与应用”。在美国癌症研究协会（AACR）学术年会（加拿大，多伦多）发表“含烯二炔大分子抗肿瘤抗生素力达霉素对多药耐药的癌细胞显示极强的细胞毒性”；课题组黄云虹获会议颁发“青年学者奖”。

2004年，出席中国工程院第七次院士大会。任中国医学科学院中国协和医科大学第五届学术委员会委员。主编《抗肿瘤药物研究与开发》（化学工业出版社）在北京出版。任《中国医学科学杂志》（英文）副主编。任《中国医学科学院学报》副主编。应邀出席“亚洲生物材料与纳米生物技术国际学术会议”（日本筑波），在会上做关于抗体融合蛋白分子小型化的报告。应邀出席第3届国际天然产物学术大会（南京），在大会报告“微生物来源的抗肿瘤药物——进展与前景”。在美国癌症研究协会（AACR）学术年会发表“烯二炔强化的基因工程融合蛋白Fv-LDP-AE显示高度抗肿瘤作用及抗血管生成活性”；课题组的李亮获会议颁发“青年学者奖”。

2005年，当选第23届中华医学会理事。任《临床肿瘤学与癌症研究》杂志（英文版）（Clinical Oncology and Cancer Research）副主编。受聘新疆医科大学名誉教授。入选《中国科学技术专家传略》。应邀出席第二届国际抗体工程与抗体治疗药物研讨会（北京），做关于“抗体药物偶联物与融合蛋白”的学术报告。出席第九届全国肿瘤药理及化疗学术会议（杭州），报告“用于肿瘤靶向治疗的抗体工程药物”。

2006年，出席中国工程院第八次院士大会。当选中国工程院医药卫生学部常委。主编专著《抗肿瘤药物研究与开发》（第1完成人）获中国石油和化工协会科技进步奖一等奖。任中国医药生物技术协会单克隆抗体专业委员会主任委员。任中国工程院学术与出版委员会委员。在美国癌症研究协会（AACR）学术年会发表“力达霉素对癌细胞表达HER2的调节并增强癌细胞对HER2抑制剂的敏感性”；课题组师以康获会议颁发“青年学者奖”。

2007年，任第九届国家药典委员会执行委员。任《中国抗生素杂志》编辑委员会主任编委。受聘哈尔滨医科大学名誉教授。出席第十届全国肿瘤药理及化疗学术会议（青岛），报告“肿瘤靶向药物研究的策略探讨”。

2008年，出席中国工程院第九次院士大会。受聘暨南大学名誉教授。获北京协和医学院教学名师荣誉称号。应邀出席第13届国际生物技术大会（中国大连），做关于“治疗癌症的抗体药物偶联物与融合蛋白”的学术报告。

2009年，参加新中国成立六十周年国庆观礼活动。出席第十一届全国肿瘤药理及化疗学术会议（昆明），报告“抗肿瘤抗生素与分子靶向治疗”。受聘山东省药学科学院专家委员会主任委员。

2010年，出席中国工程院第十次院士大会。任第十届国家药典委员会执行委员。任《中华医学百科全书》（药学类共10卷）药学类总主编。任《中国药学杂志》副主编。

2011年，出席第十二届全国肿瘤药理及化疗学术会议（南京）。

2012年，出席中国工程院第十一次院士大会。中央电视台10频道（科教）5月播出《大家》节目：“甄永苏——微生物药物学与肿瘤药理学家”。

2013年，任《生物药物研究与应用丛书》（人民卫生出版社）总主编。出席第十三届全国肿瘤药理及化疗学术会议（河南洛阳），报告“抗肿瘤多靶抗体药物研究进展”。和邵荣光共同主编《抗体药物研究与应用》（人民卫生出版社）在北京出版。

2014年，出席中国工程院第十二次院士大会。入选《20世纪中国知名科学家学术成就概览》（科学出版社）。《中国医学院士文库：甄永苏院士集》（人民军医出版社）在北京出版。和陈宗懋共同主编《茶叶的保健功能》（科学出版社）在北京出版。

2015年，出席第十四届全国肿瘤药理及化疗学术会议（沈阳）。报告“抗肿瘤抗体偶联药物（ADC）的研究进展与策略思考”。受聘“肿瘤微环境与免疫治疗湖北省重点实验室”学术委员会主任。

2016年，出席中国工程院第十三次院士大会。《中国科学报》（2016年1月18日）刊文“甄永苏：在抗肿瘤药物研发前沿不懈求索”（老科学家学术成长资料采集工程系列报道103）。10月出席中国医学科学院建院60周年纪念大会。11月出席中山大学医科建校150周年座谈会（广州）。

2017年，9月出席北京协和医学院建校100周年纪念大会。出席第十五届全国肿瘤药理及化疗学术会议（杭州）。

2018年，出席中国工程院第十四次院士大会。《中国医学科学院中国协和医科大学院校报》（2018年6月27日）刊文“志存高远静水深流-甄永苏与我国的抗肿瘤药物研究”。

附录2 甄永苏论文目录

1. 杨简，王蘅文，李志旺，史盈，甄永苏．破坏局部神经对小鼠皮肤瘤和肉瘤发生发展的影响．中华病理学杂志，1957，(2)：53-59
2. 胥彬，甄永苏．筛选抗癌药物的体内方法．药学文摘，1959，2（2）：77-80
3. 甄永苏，陈惠民，李嗣英，王蘅文．肉瘤 AK 的生长特性及移植条件对肉瘤 AK 大小的个别差异的影响．中国医学科学院抗菌素研究所年刊，1959，40-45
4. 王蘅文，甄永苏，李嗣英，杨秋泓，陈惠民，凌丽华，袁昭郁．抗癌抗菌素 8771 的研究Ⅳ．抗菌素 8771 的抗肿瘤作用．中国医学科学院抗菌素研究所年刊，1959，108-114
5. 王蘅文，黄大滨，庄锡亮，甄永苏，陈慧贞，陈惠民，许鸿章，王诚德，胡继兰．抗肿瘤抗菌素 11007 的研究．抗菌素研究Ⅰ．新抗菌素，上海科学技术出版社，1962，48-59
6. 杨秋泓，薛婉芬，甄永苏，王蘅文．用葡萄球菌变种筛选抗癌药物的初步探讨．抗菌素研究Ⅰ．新抗菌素，上海科学技术出版社，1962，180-183
7. 袁昭郁，甄永苏．在筛选抗肿瘤抗菌素工作中应用美蓝试管法的一些问题．抗菌素研究Ⅰ．新抗菌素，上海科学技术出版社，1962，184-186
8. 甄永苏，陈惠民．N-甲酰溶肉瘤素对大鼠吉田肉瘤及宿主器官影响的病理形态学研究．天津医药杂志肿瘤学附刊，1964，(2)：148-152
9. 甄永苏，李学汤，杨简．五种抗肿瘤药物对小鼠各种组织损害作用的比较．药学学报，1965，12（9）：606-614
10. 甄永苏，陈惠民，杨简．小鼠各种组织细胞对 N-甲酰溶肉瘤素敏感性的比较．药学学报，1966，13（1）：43-49
11. 甄永苏，陈惠民，杨简．N-甲酰溶肉瘤素对小鼠精原细胞的损害作用．药学学报，1966，13（7）：503-509
12. 甄永苏．光辉霉素的抗肿瘤作用研究．光辉霉素鉴定会资料，1971

13. 甄永苏. 争光霉素的抗肿瘤作用研究. 争光霉素鉴定会资料，1971
14. 甄永苏. 争光霉素的抗肿瘤作用.《科学技术成果报告-争光霉素的研究》，中国科学技术情报研究所出版，1971，10-14
15. 甄永苏. 一种初步筛选抗肿瘤药物的方法——精原细胞法. 肿瘤防治研究，1974，(4)：72-85
16. Zhen YS. The murine spermatogonial depletion assay as a method for primary screening of antitumor substances. The 11th International Cancer Congress, Italy, 1974
17. 争光霉素 A2、A5 对小白鼠肺毒性的比较研究（电子显微镜观察）. 新医药研究，1978，(1)：25-33
18. 甄永苏，赵仪英，薛玉川，吕婉瑜，杨小平. 抗肿瘤药物初筛方法-精原细胞法和噬菌体法的比较研究. 科学通报，1979，(8)：379-384
19. 甄永苏，李电东，林赴田，李茜，田佩玉，薛玉川，杨小平. 争光霉素 A5 和争光霉素 A2 的抗肿瘤作用与毒性研究. 药学学报，1979，14(2)：83-79
20. 林赴田，李电东，杨小平，李茜，薛玉川，甄永苏. 平阳霉素的抗肿瘤作用与临床前药理研究. 中华肿瘤杂志，1979，(3)：161-166
21. 阎桂华，甄永苏，余兰香，薛玉川，王诚德. 小鼠实验性肾上行性大肠杆菌感染及治疗. 抗生素，1980，5（3）：31-36
22. 甄永苏，田佩玉，李文镇，应国华. 争光霉素 A5 和争光霉素 A2 对小鼠肺毒性的电子显微镜观察研究. 生物化学与生物物理学报，1980，12(1)：71-75
23. 林赴田，王诚德，陈慧贞，王铁良，甄永苏，明秀英. 争光霉素的药理研究. 抗生素，1980，5（6）：39-42
24. 陈慧贞，甄永苏，薛玉川，张伟新，宋坤改，王诚德. 乙酰螺旋霉素的药理研究. 抗生素，1981，6（1）：43-49
25. Zhen YS, Li DD, Li Q, Lin FT, Tian PY, Xue YC, Hu JS, Xue SB, Liu TH, Zhang HQ. Studies on antitumor effect and pharmacology of pingyangmycin. Topics on Cancer Chemotherapy. China Academic Publishers, 1981, pp. 211-224
26. Weber G, Prajda N, Lui MS, Denton J, Aoki T, Sebolt J, Zhen YS, Butt

ME, Faderan MA and Reardon MA. Multi-enzyme-targeted chemotherapy by acivicin and actinomycin. Advances in Enzyme Regulation, 1982, 20：75-96

27. Skubitz KM, Zhen YS, August JT. Dexamethasone synergistically induces chemotactic peptide receptor expression in HL-60 cells. Blood, 1982, 59（3）：586-593

28. Zhen YS, Lui M and Weber G. Effect of acivicin and dipyridamole on hepatoma 3924A cells. Cancer Res, 1983, 43（4）：1616-1619

29. Zhen YS and Xue YC. Use of murine spermatogonial assay as prescreen for antitumor drugs. Proceedings of 13th International Congress of Chemotherapy, Vienna, 1983, part 223：38-44

30. 甄永苏. 抗肿瘤药物研究近况—第13届国际肿瘤会议介绍. 国外医学药学分册，1983，(3)：182-184

31. 甄永苏. 抗肿瘤抗生素研究近况—第13届国际肿瘤会议介绍. 国外药学抗生素分册，1983，(3)：198-202

32. Skubitz MK, Zhen YS, August JT. A human granulocyte-specific antigen characterized by use of monoclonal antibodies. Blood, 1983, 61（1）：19-26

33. 甄永苏，于滨，李电东，蔺惠颜. 筛选核苷转运抑制剂的方法. 抗生素，1984，9（3）：239-240

34. 甄永苏. 抗肿瘤药物筛选方法研究近况. 国外医学药学分册，1984，(4)：198-202

35. Zhen YS, Reardon MA and Weber G. Amphotericin B renders stationary phase hepatoma cells sensitive to dipyridamole. Biochem Biophys Res Commun, 1986, 140（1）：434-439

36. 甄永苏，陈毓仙，于滨，张浩，吴淑英，杜萍. 抗CCT2单克隆抗体和争光霉素A6结合物的抗白血病细胞活性. 中国医学科学院学报，1986，8（4）272-275

37. 胡继身，黄静，甄永苏. 小鼠艾氏腹水癌上清液增强分化诱导剂对红白血病细胞的作用. 中国医学科学院学报，1986，8（4）：286-290

38. 林赴田，许嘉齐，甄永苏，宋坤改，薛玉川. 新抗菌药-氟哌酸临床药理研究. 临床药学，1986，4（1）：33-34

39. 陈鸿珊，李壮，蒋建东，李金河，薛玉川，甄永苏. 云芝多糖在小鼠体内

的抗病毒和免疫促进作用. 抗生素，1986，11（5）：390-395

40. 甄永苏. 脂质体技术. 医学研究通讯，1986，15（9）：275-278
41. 甄永苏，杨小平，薛玉川. 抗肿瘤抗生素R-588A的抗肿瘤作用. 抗生素，1986，11（4）：334-337
42. 甄永苏，章兆和，吴淑英，黄静. 平阳霉素对小鼠移植人鼻咽癌细胞的抑制作用. 中国医学科学院学报，1986，8（1）：51-53
43. Zhen YS，Jiang M，Xue YC，Wu SY and Huang J. Antitumor activity of bleomycins A5 and A6 against human cancers in cell culture and in nude mice. Lapis/Eckhardt（eds）"Novel Approaches in Cancer Therapy"，Kargel，Basel，1986，5：9-14
44. Zhen YS，Reardon MA and Weber G. Amphotericin B：A biological response modifier in targeting against the salvage pathways. Biochem Pharmacol，1987，36（21）：3641-3646
45. Weber G，Jayaram HN，Pillwein K，Natsumeda Y，Peardon MA and Zhen YS. Salvage pathways as targets of chemotherapy. Adv Enzyme Regul，1987，26：335-352
46. 甄永苏. 肿瘤的单克隆抗体导向治疗. 国内外医学进展（卫生部科学教育司、上海医学科技情报研究所）1987；1-6
47. 江敏，甄永苏. 博来霉素A6抗人体肝癌的实验研究. 药学学报，1987，22（12）：881-885
48. 甄永苏，李焕娄，吴国梧，陈鸿珊. 生物技术促进抗生素的研究和开发. 中国医学科学院建院30周年、中国协和医科大学建校70周年纪念学术论文集，中国科学技术出版社，1987；81-82
49. Zhang H，Zhen YS. Pingyangmycin shows no inhibition on the restoration of depressed hemopoiesis and immune function in mice treated with cyclophosphamide. Proceedings of CAMS and PUMC，1987，2（4）：202-206
50. Zhen YS，Li HL，Wu GW and Chen HS. Application of biotechnology to research and development of antibiotics. Collection of Scientific Papers，30th Anniversary of the Founding of the Chinese Academy of Medical Sciences and 70th Anniversary of the Founding of the Peking Union Medical College，China Science and Technology Press，1987，106-107

51. 甄永苏. 核苷转运抑制剂在肿瘤化疗中的应用. 实用肿瘤杂志，1988，3（增刊）：33-37

52. 甄永苏，李电东，江敏. 博来霉素 A6 抗肿瘤作用研究. 肿瘤防治，中国科学技术出版社，1989；1044-1050

53. Zhen YS, Chen YX, Xu B and Tian PY. Conjugate of monoclonal antibody anti-CCT2 and bleomycin A6 shows selective cytotoxicity to leukemia cells. J Cell Biochem, 1988, Supp. 12E：14

54. 江敏，甄永苏. 平阳霉素对裸鼠移植的人体肝癌和胃癌的抑制作用. 中华肿瘤杂志，1988，10（5）：357-359

55. 甄永苏. 单克隆抗体导向药物治疗肿瘤的研究. 自然科学年鉴（上海），1988，2：145-152

56. 曹寿松，甄永苏. 潘生丁增强氨甲蝶呤的抗肿瘤作用. 中国医学科学院学报，1989，11（2）：7-12

57. Cao SS and Zhen YS. Potentiation of antimetabotite antitumor activity in vivo by dipyridamole and amphotericin B. Cancer Chemother Pharmacol, 1989, 24：181-186

58. 田佩玉，张曼丽，黄静，于滨，甄永苏. 单克隆抗体博来霉素 A6 偶联物对白血病细胞特异性结合与内化. 药学学报，1989，24（1）：16-21

59. Zhen YS, Min XY, Yu B, Otani T, Saito H and Yamada T. A new macromolecular antitumor antibiotic, C-1027 Ill. Antitumor activity. J Antibiot, 1989, 42（8）：1294-1298

60. Zhen YS, Jing M, Xue YC. Antitumor effect of bleomycin A6 on human liver cancer BEL-7402 xenografts in nude mice. Wu BQ（ed）："Immune-Deficient Animals in Experimental Medicine." Basel, Karger, 1989, 254-257

61. 林赴田，宋坤改，薛玉川，甄永苏. 博来霉素 A6 临床前药理研究. 中华肿瘤杂志，1989，11（4）：257-279

62. Zhen YS. Advances in antitumor antibiotic research. "Current Medicine in China", People's Medical Publishers, Beijing, 1989, 138-142

63. 李电东，明秀英，甄永苏. 茯苓素对抗癌药的增效作用. 中国抗生素杂志，1990，15（1）：83

64. 甄永苏. 单克隆抗体导向药物治疗肿瘤. 癌症，1990，9（3）：246-247

65. 甄永苏. 单克隆抗体导向药物治疗肿瘤的研究. 中国肿瘤情报，1990，(2)：14-15

66. Zhen YS，Peng Z，Jing M，Deng YC. Antitumor effect of bleomycin A6 and its monoclonal antibody conjugates on human cancer xenografts in nude mice. Journal of Japan Society for Cancer Therapy，1990，25（9-2）：1977

67. 田佩玉，黄静，甄永苏. 博来霉素A6对小鼠肺毒性的电子显微镜观察. 中国药理学与毒理学杂志，1990，4（3）：221-224

68. 林赴田，宋坤改，许嘉齐，于峰，薛玉川，甄永苏. 博安霉素临床前毒理研究. 中国抗生素杂志，1990，15（6）：453-455

69. Xu YJ，Li DD，Zhen YS. Mode of action of C-1027，a new macromolecular antitumor antibiotic with highly potent cytotoxicity，on human hepatoma BEL-7402 cells. Cancer Chemother Pharmacol，1990，27：41-46

70. 邓甬川，甄永苏，郑树，薛玉川. 博来霉素A6对裸鼠移植的人体大肠癌的抑制作用. 中国医学科学院学报，1990，12（5）：335-340

71. Zhen YS，Cao SS，Xue YC and Wu SY. Green tea extract inhibits nucleoside transport and potentiates thc antitumor effect of antimetabolites. Chin Med Sci J，1991，6（1）：1-5

72. 彭泽，甄永苏. 单克隆抗体与博来霉素A6偶联物对肝癌的实验研究. 药学学报，1991，26（5）：331-335

73. 江敏，黄静，薛玉川，甄永苏. 抗肝癌大鼠单克隆抗体3A5的特性及其平阳霉素偶联物的抗肿瘤活性. 中华微生物学和免疫学杂志，1991，11(4)：230-233

74. 甄永苏. 肿瘤“导弹”药物的研究进展. 健康报《生物技术现状与未来》专栏，1991年4月17日

75. Chen SJ，Ding L，Zhen YS，Lin PZ，Zhu YJ，Chen YQ and Hu XZ. Progress in studies on the antimutagenicity and anticarcinogenicity of green tea epicatechins. Chin Med Sci J，1991，6（4）：233-238

76. 许永杰，李电东，甄永苏. 大分子抗肿瘤抗生素研究进展. 中国抗生素杂志，1991，16（6）：470-475

77. Zhen YS，Taniki T and Weber G. Azidothymidine and dipyridamole as biochemical response modifiers：Synergism with methotrexate and 5-fluorouracil in human

colon and pancreatic carcinoma cells. Oncology Res，1992，4（2）：73-78
78. 粟俭，甄永苏. 双嘧达莫等核转运抑制剂增强抗癌药物疗效的研究进展. 国外医学药学分册，1992，19（5）：269-272
79. 车健红，彭泽，甄永苏. 平阳霉素与McAb R19偶联物的制备及对大肠癌细胞的杀伤作用（简报）. 中国医学科学院学报，1992，14（3）：162
80. 邵荣光，甄永苏. 新抗癌抗生素C1027及其单克隆抗体组装偶联物的抗肿瘤活性. 药学学报，1992，27（7）：486-491
81. 李军智，江敏，薛玉川，甄永苏. 单抗Fab片段与抗癌抗生素C1027偶联物对裸鼠移植人肝癌的治疗作用. 北京实验动物科学，1992，9（4）：35-38
82. 甄永苏. 人体肿瘤的异种移植与抗癌药物研究. 北京实验动物科学，1992，9（4）：7-9
83. 刘远刚，李元，甄永苏. 基因工程抗肿瘤导向药物研究进展. 国外医学肿瘤学分册，1992，19（5）：269-272
84. 许永杰，李电东，甄永苏. 具有强烈杀伤肿瘤细胞活性的新抗肿瘤抗生素C1027分子作用机制. 中国科学（B辑），1992，（8）：814-819
85. 甄永苏，李电东. 平阳霉素抗肿瘤作用研究. 中国肿瘤临床，1992，19（1）：58-59
86. 邓甬川，甄永苏，郑树，薛玉川. 大鼠单克隆抗体与博来霉素A6偶联物治疗人大肠癌实验研究. 药学学报，1993，28（6）：410-415
87. 李军智，江敏，薛玉川，甄永苏. 抗癌抗生素C1027与单克隆抗体Fab片段偶联物的抗肝癌作用. 药学学报，1993，28（4）：260-265
88. 甄永苏，邵荣光，周锡漳，王耐勤，刘彤，周思群，董志伟. 抗癌抗生素C1027与单克隆抗体偶联物抗胃癌作用的实验研究. 高技术通讯，1993，3（3）：4-7
89. 甄永苏. 用于肿瘤导向治疗的新型“弹头”药物. 单克隆抗体通讯，1993，9（3）：16-18
90. 甄永苏. 抗肿瘤导向药物的研究. 中国药学年鉴（1993），1994，47-50
91. Zhen YS，Su J，Xue YC，Qi CQ，Hu JL. Novel nucleoside transport inhibitors of natural origin. Adv Exp Med Biol，1994，370：779-7823
91. 粟俭，甄永苏，戚长菁，陈文君. 真菌产生的新核苷转运抑制剂增强药物

的抗肿瘤活性. 药学学报，1994，29（9）：656-661
92. Zhen YS，Peng Z，Deng YC，Xu HZ，Chen YX，Tian PY，Li DD，Jiang M. Antitumor activity of immunoconjugates composed of boanmycin and monoclonal antibody. Chin Med Sci J，1994，9（2）：75-80
93. 李军智，甄永苏，杨子义，王世真，李方. 抗人肝癌单克隆抗体和 Fab 片段在裸鼠体内分布及药物偶联物的疗效比较. 中国医学科学院学报，1994，16（5）：328-333
94. 甄永苏. 抗肿瘤导向药物研究的现状与展望. 药学学报，1994，29（1）：1-8
95. Zhen YS，Shao RG，Li JZ，Jiang M. The use of C1027，an antitumor antibiotic with extremely potent cytotoxicity，for making effective immunoconjugates. Antibody，Immunoconj and Radiopharm，1994，7：89
96. 吴奇，甄永苏. 具有肿瘤细胞分化诱导作用的抗生素研究进展. 国外医药抗生素分册，1994，15（2）：126-130
97. 甄永苏，薛玉川，邵荣光. 烯二炔类新抗生素 C1027 的抗肿瘤作用研究. 中国抗生素杂志，1994，19（2）：164-168
98. Xu YJ，Zhen YS，Goldberg IH. C1027 chromophore，a potent new enediyne antitumor antibiotic，induces sequence-specific double-strand DNA cleavage. Biochemistry，1994，33：5947-5954
99. 薛玉川，曹寿松，戚长青，胡继兰，粟俭. 核苷转运作为肿瘤化疗靶点的研究. 中国肿瘤，1995，4（5）：27
100. Su J，Zhen YS，Qi CQ，Hu JL. Antibiotic C3368-A，a fungus derived nucleoside transport inhibitor，potentiates the activity of antitumor drugs. Cancer Chemother Pharmacol，1995，36（2）：149-154
101. 刘建国，江敏，徐琳娜，甄永苏. 二甲胺四环素增强博安霉素的抗肿瘤转移作用. 药学学报，1995，30（9）：668-673
102. 戴洁，甄永苏. 来源于真菌的新核苷转运抑制剂逆转肿瘤细胞多药抗性和对凋亡的抗性. 中国药学杂志，1995，30（增刊）：69-71
103. 戴洁，甄永苏. 来源于真菌的新核苷转运抑制剂逆转肿瘤细胞多药抗性. 中国肿瘤临床，1995，22（增刊）：55-57
104. 邵荣光，江敏，李军智，王耐勤，董志伟. 抗癌抗生素 C1027 与单克隆抗

体偶联物的抗肿瘤作用. 中国肿瘤生物治疗杂志，1995，2（2）：94-98
105. 王维刚，王树惠，薛玉川，甄永苏. 人单克隆抗体与平阳霉素偶联物治疗乳腺癌实验研究. 药学学报，1995，30（8）：583-587
106. 甄永苏. 抗肿瘤导向药物研究的进展. 中国肿瘤临床，1995，22（增刊）：10-15
107. 冉启涛，李电东，甄永苏. 衰老小鼠激活T细胞内原癌基因表达及钙离子浓度的变化. 中华医学杂志，1995，75（8）：466-469
108. 邵荣光，甄永苏. 新烯二炔类大分子抗肿瘤抗生素C1027的分子构成与活性关系. 药学学报，1995，30（5）：336-342
109. Xu YJ，Xi Z，Zhen YS，Goldberg HI. A single binding mode of activated enediyne C1027 generates two types of double-strand DNA lesions：Deuterium isotope-induced shuttering between adjacent nucleotide target sites. Biochemistry，1995，34：12451-60
110. Jiang B，Li DD，Zhen YS. Induction of apoptosis by enediyne antitumor antibiotic C1027 in HL-60 human promyelocytic leukemia cells. Biochem Biophys Res Commun，1995，208（1）：238-244
111. 薛玉川，吴淑英，李毅，张胜华，甄永苏. 抗生素2321A的抗肿瘤作用. 中国肿瘤临床，1995，22（增刊）：55-57
112. 邵荣光，甄永苏. 烯二炔高效抗肿瘤抗生素研究进展. 国外医药抗生素分册，1995，16（3）：194-199
113. 刘建国，甄永苏. 抗肿瘤血管生成的抗生素研究进展. 国外医药抗生素分册，1995，16（1）：53-55，59
114. 王树惠，孙月英，王维刚，苏小玲，杨子义，幺崇正，孙强，顾方舟，甄永苏. 抗乳腺癌人单克隆抗体的制备及其应用的实验研究. 中国医学科学院学报，1996，18（3）：177-182
115. 周春水，甄永苏. 胞内抗体技术及医学应用. 生物化学与生物物理进展，1996，23（5）：386-390
116. 薛玉川，吴淑英，李毅，张胜华，甄永苏. 云谷霉素的抗肿瘤作用. 药学学报，1996，31（3）：171-175
117. 甄永苏. 抗肿瘤单克隆抗体免疫偶联物的构建及其分子小型化. 中国医学科学院中国协和医科大学科学年会学术论文集（1996），北京医科大学中

国协和医科大学联合出版社，1996；318-323

118. 周春水，徐琳娜，江敏，甄永苏. 烯二炔类抗癌抗生素单克隆抗体的制备及初步应用. 药学学报，1997，32（1）：28-32

119. 王维刚，徐琳娜，张胜华，薛玉川，甄永苏. 单克隆抗体与平阳霉素偶联物对肿瘤转移的区域性导向实验治疗. 药学学报，1997，32（9）：669-674

120. 田华松，阎锡蕴，江敏，甄永苏，田波. 与肿瘤相关的Ⅳ型胶原酶单链抗体的研制. 科学通报，1997，42（21）：2337

121. Liao YH，Xu LZ，Yang SL，Dai J，Zhen YS，Zhu M，Sun NJ. Three cyclohexene oxides from *Uvaria grandiflora*. Phytochemistry，1997，45（4）：729-732

122. 薛玉川，陈文君，戴洁，戚长菁，甄永苏. 棒烷类抗生素 G0069A 的抗肿瘤作用. 药学学报，1997，32（9）：647-651

123. 甄红英，薛玉川，甄永苏. 抗肿瘤抗生素 C1027 抑制血管生成及其抗肿瘤转移作用. 中华医学杂志，1997，77（9）：657-660

124. Xu YJ，Zhen YS，Goldberg IH. Enediyne C1027 induces the formation of novel covalent DNA interstrand cross-links and monoadducts. J Am Chem Soc，1997，119：1133-1134

125. Xu YJ，Xi Z，Zhen YS，Goldberg IH. Mechanism of formation of novel covalent drug-DNA interstrand cross-links and monoadducts by enediyne antitumor antibiotics. Biochemistry，1997，36（48）；14975-14984

126. 周春水，江敏，徐琳娜，甄永苏. 抗肿瘤侵袭与转移单链抗体 scFv-M97 基因克隆及分泌表达. 中国医学科学院学报，1998，20（2）：81-88

127. 邓甬川，甄永苏，郑树，薛玉川. 抗大肠癌大鼠单克隆抗体 R19 的建立和特性. 实用肿瘤杂志，1998，13（5）：278

128. 甄永苏. 新型抗肿瘤抗生素与单克隆抗体免疫偶联物的研究. 医学研究通讯，1998，27（1）：2-5

129. 甄永苏. 微生物来源的抗肿瘤药物与单克隆抗体免疫偶联物的研究. 首都医药，1998，5（6）：11-13

130. Zhen YS，Qi CQ，Hu JL，Xue YC and Chen WJ. Antitumor activity of yunnanmycin，a novel pyrimidine nucleoside antibiotic. Adv Exper Med Biol，

1998，431：575-579

131. 甄永苏，薛玉川，吴淑英，张胜华，尚伯杨. 新抗肿瘤抗生素云南霉素. Ⅲ. 抗肿瘤作用. 中国抗生素杂志，1998，23（4）：274-277

132. 邓甬川，甄永苏，郑树，薛玉川. 博来霉素A6和平阳霉素抗大肠癌实验研究. 肿瘤防治研究，1998，26（4）：241-244

133. 孙一伟，李电东，甄永苏. 烯二炔类大分子抗肿瘤抗生素C1027抗肿瘤研究进展. 药物生物技术，1998，5（4）：252-256

134. 姜晓峰，甄永苏. 大黄素逆转肿瘤细胞多药抗药性的作用. 药学学报，1999，34（3）：164-167

135. 甄永苏. 天然来源的新型抗肿瘤生化调节剂. 中国肿瘤，1999，8（10）：459-460

136. 王维刚，甄永苏. 以抗体为基础的肿瘤靶向治疗和基因治疗. 药学学报，1999，34（10）：795-800

137. 甄永苏. 抗肿瘤单克隆抗体导向药物的研究进展. 世界科技研究与发展，1999，（10）：5-8

138. Jiang XF，Shang BY，Jin LF，Hu JL and Zhen YS. Antitumor components from an actinomycete strain 6011W. JANPR（Journal of Asian Natural Products Research），1999，2：31-38

139. 邓甬川，甄永苏，郑树，薛玉川. 平阳霉素对大肠癌的抗肿瘤活性. 中国肿瘤临床，1999，26（10）：759-761

140. Jiang XF，Zhen YS. Cinnamamide，an antitumor agent with low cytotoxicity acting on matrix metalloproteinase. Anti-Cancer Drugs，2000，11：49-54

141. 徐峰，甄永苏. 绿茶在肿瘤化疗中的生化调节作用. 国外医学肿瘤学分册，2000，27（2）：100-102

142. 王维刚，张胜华，李毅，徐琳娜，周京华，甄永苏. 以Ⅳ型胶原酶为靶点的细胞内表达单链抗体的抗肿瘤作用. 中国科学（C辑），2000，30（2）：123-130

143. Wang WG，Zhang SH，Li Y，Xu LN，Zhou JH，Zhen YS. Intracellular expression of a single-chain antibody directed against type Ⅳ collagenase inhibits the growth of lung cancer xenografts in nude mice. Science in China（Series C），2000，43（4）：433-441

144. Wang WG, Zhou JH, Xu LN, Zhen YS. Antineoplastic effect of intracellular expression of a single-chain antibody directed against type Ⅳ collagenase. Journal of Environmental Pathology, Toxicology and Oncology, 2000, 19 (1 & 2): 61-68

145. 李顺强，江敏，甄永苏. 抗癌抗生素力达霉素与抗Ⅳ型胶原酶单链抗体的基因工程组装融合蛋白. 药学学报，2000，35 (7)：488-491

146. 刘小云，刘秀均，李毅，王维刚，甄永苏. 平阳霉素与单克隆抗体 Fab' 片段偶联物的抗肿瘤作用. 药学学报，2000，35 (9)：649-653

147. 甄永苏. 单克隆抗体药物治疗肿瘤的研究现状与展望. 中国医学科学院学报，2000，22 (1)；9-13

148. 甄永苏. 抗肿瘤单克隆抗体导向药物的研究概况. 医学研究通讯，2000，29 (1)：2-4

149. 邵荣光，甄永苏. 胞内抗体肿瘤基因治疗. 科学通报，2000，45 (12)：1233-1235

150. 张克，张月琴，魏玉珍，司书毅，李毅，甄永苏. 桔青霉 No. 68 菌株的发酵产物对微管作用的研究. 中国抗生素杂志，2000，25 (4)：250-252，-308

151. 司书毅，张月琴，甄永苏，张克，巫晔翔，尚伯杨. 微生物来源的抗微管活性物质的筛选研究. 药学学报，2000，35 (增刊)：71-73

152. 童彤，郭素萍，白瑾峰，甄永苏. 抗肿瘤抗生素云南霉素对细胞周期的作用及分子机理. 癌症，2000，19 (4)：289-292

153. 廖志勇，张胜华，甄永苏. Geldanamycin 增强顺铂的抗肿瘤作用. 癌症，2000，19 (8)：731-734

154. 王心华，甄永苏. 烯二炔类抗生素力达霉抑制内皮细胞生长和诱导细胞凋亡. 2000 全国肿瘤学术大会教育论文集（北京，2000)，471-474

155. 黄云虹，甄永苏. 大黄酸诱导肿瘤细胞凋亡及与丝裂霉素的协同作用. 药学学报，2001，36 (5)：334-338

156. 刘小云，尚伯杨，刘秀均，甄永苏. 应用平阳霉素与单克隆抗体 Fab' 片段偶联物抑制肝癌生长与肿瘤肝转移. 中华医学杂志，2001，81 (4)：201-204

157. 唐勇，甄永苏. 抗Ⅳ型胶原酶单链抗体的表达及其对肿瘤细胞侵袭的抑制

作用. 癌症，2001，20（8）：801-805
158. 刘小云，甄永苏. 力达霉素构建的小型化单克隆抗体免疫偶联物的抗肿瘤作用. 中国医学科学院学报，2001，23（6）：563-567
159. 刘秀均，李毅，甄永苏. 博安霉素对小鼠结肠癌及其肝转移的抑制作用. 药学学报，2001，36（1）：14-18
160. 王心华，甄永苏. 大黄素抑制人高转移巨细胞肺癌 PG 细胞的肿瘤转移相关性质. 癌症，2001，20（8）：789-793
161. 徐峰，甄永苏. 抗肿瘤侵袭和转移药物研究进展. 中国新药杂志，2001，10（10）：727-732
162. Liao ZY，Zhang SH，Zhen YS. Synergistic effects of geldanamycin and antitumor drugs. Acta Pharm Sin，2001，36（8）：569-575
163. Deng YC，Zhen YS，Zheng S，Xue YC. Activity of boanmycin against colorectal cancer. World J Gastroenterol，2001，7（1）：93-97
164. 廖志勇，甄永苏. 热休克蛋白 90 抑制剂 Geldanamycin 的抗肿瘤作用研究进展. 药学学报，2001，36（9）：716-720
165. 徐峰，宋丹青，甄永苏. 咖啡酸钠与丝裂霉素抗肿瘤的协同作用. 药学学报，2002，37（6）：405-408
166. 李忠东，李毅，甄永苏. 趋化肽 fMLP 增强博安霉素的抗肿瘤作用. 癌症，2002，21（8）：828-832
167. Liu XY，Zhen YS. Antitumor effect of monoclonal antibody Fab' fragment-containing immunoconjugates. Chin Med Sci J，2002，17（1）：1-6
168. 刘秀均，江敏，刘小云，甄永苏. 平阳霉素与单克隆抗体 3D6 及其 Fab' 片段偶联物对肝癌的实验治疗. 中国抗生素杂志，2002，27（8）496-501
169. 王凤强，刘小云，尚伯杨，甄永苏. 小型化抗Ⅳ型胶原酶单抗片段偶联物的抗肿瘤作用. 肿瘤防治杂志，2002，9（5）（特）：215-217
170. 甄永苏，王凤强. 抗体药物时代的来临. 中国处方药，2002，（5）：25-29
171. 甄永苏. 肿瘤的靶向治疗. 肿瘤防治杂志，2002，9（5）（特）：2-4
172. 孙新臣，王俊杰，甄永苏，邵荣光. 斯托斯普林增强 X-射线的作用与机制研究. 药学学报，2002，37（6）：419-423
173. 王凤强，江敏，甄永苏. 作用于基质金属蛋白酶的抗生素. 中国抗生素杂志，2002，27（7）：434-438，448

174. 李毅，刘秀均，甄永苏. 应用图象分析方法对药物抗肿瘤肝转移作用的评价. 现代医药卫生，2002，18（11）：948-950

175. 甄永苏. 肿瘤的靶向治疗. 国外医学 肿瘤学分册，2002，29（5）：323-326

176. Chen Y，Shao R，Bartlam M，Li J，Jin L，Gao Y，Liu Y，Tang H，Zhen Y，Rao Z. Crystallization and preliminary X-ray crystallographic studies of a macromolecular antitumour antibiotic，C1027. Acta Crystallogr D Biol Crystallogr，2002，58（Pt 1）：173-175

177. Ding J，Zhen YS，Tong YG，Yue JM，and Xiao D. Novel anti-angiogenesis agents developing in China. Jpn J Cancer Chemother，2002，29（supp）：59-66

178. 何琪杨，姜兵，李电东，甄永苏. 力达霉素对人肝癌 bel-7402 细胞凋亡基因表达和细胞骨架的影响. 癌症，2002，21（4）：351-355

179. 甄永苏. 抗肿瘤抗生素和单克隆抗体药物的研究进展. 中国抗生素杂志，2002，27（1）：1-5

180. Xu F，Zhen YS. （-）-Epigallocatechin-3-gallate enhances anti-tumor effect of cytosine arabinoside on HL-60 cells. Acta Pharmacol Sin，2003，24（2）：163-168

181. 王风强，尚伯杨，甄永苏. 抗Ⅳ型胶原酶单抗 3G11 与力达霉素偶联物的抗肿瘤作用. 药学学报，2003，38（7）：515-519

182. 王风强，尚伯杨，甄永苏. 以Ⅳ型胶原酶为靶点的小型化免疫偶联物的抗肿瘤作用. 中国科学（C 辑），2003，33（4）：329-337

183. 戴垚，贾兵，王凡，杜进，尚伯杨，甄永苏. 抗Ⅳ型胶原酶单抗在人肺癌裸鼠移植模型中的放射免疫显像. 癌症，2003，22（12）：1243-1248

184. 甄永苏. 微生物药物和抗体药物 — 发现和研制新药的重要领域. 药学学报，2003，38（7）：483-484

185. 甄永苏. 抗肿瘤抗生素和治疗肿瘤的单克隆抗体药物. 中国科学技术前沿（中国工程院版），高等教育出版社，北京，2003，6：63-83

186. 封云，甄永苏，邵荣光. 免疫偶联物的设计及其在肿瘤治疗中的应用. 中国新药杂志，2003，12（12）：1079-1082

187. 杨军，江敏，甄永苏. 新生霉素抑制血管生成及其与长春新碱的协同作

用. 药学学报，2003，38（10）：731-734

188. 孙新臣，王俊杰，甄永苏，邵荣光. 汉防己碱在肠癌中对放射线的增敏作用与机制. 中华放射医学杂志，2003，23（3）：23-26

189. 邵荣光，甄永苏. 细胞信号转导调节剂研究进展. 医学研究通讯，2003，1（11）：27-29

190. 刘洪尊，李电东，甄永苏，邵荣光. 力达霉素增强顺铂诱导人肝癌BEL-7402细胞凋亡作用及机制研究. 药学学报，2003，38（4）：250-254

191. Wang XH，Wu SY，Zhen YS. Lidamycin inhibits proliferation and induces apoptosis in endothelial cells. Chin J Antibiot，2003，28（10）：605-612

192. Wang XH，Wu SY，Zhen YS. Inhibitory effects of emodin on angiogenesis. Acta Pharm Sin，2004，39（4）：254-258

193. 张胜华，粟俭，甄永苏. 丹酚酸A抑制核苷转运并增强化疗药物的抗肿瘤作用. 药学学报，2004，39（7）：496-499

194. 黄云虹，张胜华，甄瑞贤，许先栋，甄永苏. 积雪草甙诱导肿瘤细胞凋亡及增强长春新碱的抗肿瘤作用. 癌症，2004，23（12）：1599-1604

195. Xu F，Song DQ，Zhen YS. Inhibition of tumor metastasis by sodium caffeate and its effect on angiogenesis. Oncology-Int. J Cancer Res & Treat，2004，67（1）：88-92

196. Wang FQ，Shang BY，Zhen YS. Antitumor effects of the molecule-downsized immunoconjugate composed of lidamycin and Fab' fragment of monoclonal antibody directed against type Ⅳ collagenase. Science in China Ser. C，2004，47（1）：66-73

197. 沈恩允，王维刚，李毅，张胜华，甄永苏. 内质网滞留型抗Ⅳ型胶原酶胞内抗体对肿瘤细胞侵袭和增殖的抑制作用. 癌症，2004，23（9）：1005-1010

198. 刘铁刚，张敏，殷勤伟，何红伟，甄永苏，邵荣光. 多种siRNA的抗肿瘤活性与作用机制研究. 中国新药杂志，2004，13（6）：29-32

199. 孙新臣，王俊杰，甄永苏，邵荣光. 汉防己碱增加人乳腺癌细胞对X射线敏感性及其机制研究. 中华放射医学杂志，2004，24（2）：99-101

200. Liu TG，Yin JQ，Shang BY，Zhang M，He HW，Jiang JM，Chen F，Zhen YS，Shao RG. Silencing of hdm2 oncogene by siRNA inhibits p53-dependent

human breast cancer. Cancer Gene Therapy, 2004, 11 (11): 748-756

201. 尚伯杨，黄云虹，甄永苏. 力达霉素抗肝癌作用的实验研究. 中国药物与临床，2004，4（4）：254-257

202. 陈淑珍，汤仲明，甄永苏. 用生物检定法研究力达霉素在小鼠和犬的药代动力学. 药学学报，2004，39（9）：700-704

203. 陈淑珍，江敏，甄永苏. HERG钾通道表达与小檗碱的抗肿瘤作用的关系. 中国天然药物，2005，3（1）：48-52

204. Chen S, Jiang M, Zhen Y. HERG K^+ channel expression-related chemosensitivity in cancer cells and its modulation by erythromycin. Cancer Chemother Pharmacol, 2005, 56 (2): 212-220

206. 陈淑珍，江敏，甄永苏. HERG钾离子通道在肿瘤细胞的表达与阿霉素敏感性的关系及红霉素的调节作用. 癌症，2005，24（8）：924-929

207. Xu F, Zhang SH, Shao RG, Zhen YS. Antitumor activity of sodium caffeate and its mechanism. Acta Pharmacol Sin, 2005, 26 (10): 1248-1252

208. Li L, Huang YH, Li Y, Wang FQ, Shang BY, Zhen YS. Antitumor activity of anti-type Ⅳ collagenase monoclonal antibody and its lidamycin conjugate against colon carcinoma. World J Gastroenterol, 2005, 11 (29): 4478-4483

209. 刘秀均，戴垚，商悦，李毅，甄永苏. 力达霉素对小鼠结肠癌生长及其肝转移的抑制作用. 癌症，2005，24（6）：641-645

210. Huang YH, Shang BY, Zhen YS. Antitumor efficacy of lidamycin on hepatoma and active moiety of its molecule. World J Gastroenterol, 2005, 11 (26): 3980-3984

211. Zhen HY, Huang YH, Zhen YS. Lidamycin inhibits the cancer cell PKC activity induced by basic fibroblast growth factor. Acta Pharm Sin, 2005, 40 (12): 1110-1115

212. Xu F, Ou-yang ZG, Zhang SH, Song DQ, Shao RG, Zhen YS. Sodium caffeate induces endothelial cell apoptosis and inhibits VEGF expression in cancer cells. Acta Pharm Sin, 2006, 41 (6): 572-576

213. 陈淑珍，张胜华，弓建华，甄永苏. 红霉素对钾离子通道HERG高表达癌细胞的增殖抑制及其与化疗药物的协同作用. 中华医学杂志，2006，86（47）：3353-3357

214. 戴垚，刘秀均，甄永苏. 抗Ⅳ型胶原酶单抗与平阳霉素新型免疫偶联物的抗肿瘤作用. 药学学报，2006，41（1）：41-46
215. 沈恩允，王维刚，张胜华，甄永苏. 抗Ⅳ型胶原酶胞内抗体对人巨细胞肺癌 PG 细胞侵袭的抑制作用. 中华肿瘤杂志，2006，28（4）：265-270
216. 刘秀均，刘小云，欧阳志钢，甄永苏. 抗Ⅳ型胶原酶单抗 3G11 F（ab'）2 片段的抗肿瘤作用. 医学研究杂志，2006，35（5）：7-10
217. 甄永苏，苗庆芳. 抗体药物与肿瘤靶向治疗. 中国医药生物技术，2006，1（1）：55-57
218. 甄永苏. 治疗肿瘤的抗体靶向药物. 中华肿瘤防治杂志，2006，13（22）：1681-1682
219. 黄云虹，李毅，商悦，欧阳志钢，甄永苏. 强力霉素对实验性小鼠肺纤维化的抑制作用. 中华医学杂志，2006，86（3）：182-186
220. 段琼文，甄永苏. 雷帕霉素相关分子靶点 mTOR 与新型抗肿瘤药物研制. 医学研究杂志，2006，35（4）：55-57
221. 商悦，陈淑珍，甄永苏. 力达霉素烯二炔发色团对肝癌的实验治疗. 中国抗生素杂志，2006，31（4）：229-231，-236
222. 师以康，吴淑英，黄云虹，甄永苏. 基因 *mdr*1 高表达多药耐药肿瘤细胞对力达霉素的药物敏感性. 药学学报，2006，41（12）：1146-1151
223. 甄永苏. 抗肿瘤抗生素与癌症靶向治疗. 中国抗生素杂志，2006，31（2）：65-68
224. 甄永苏. 来源于微生物的创新药物研究与开发. 中国天然药物，2006，4（3）：161
225. 高瑞娟，李电东，甄永苏. 烯二炔类抗肿瘤抗生素力达霉素的作用机制研究进展. 中国新药杂志，2006，15（13）：1039-1043
226. 邵荣光，甄永苏. 烯二炔类抗肿瘤药物的研究与开发. 中国处方药，2006，（12）：6-9
227. 苗庆芳，尚伯杨，李亮，甄永苏. 抗Ⅳ型胶原酶单链抗体 scFv（3G11）在大肠杆菌的表达及其抗肿瘤活性. 医学研究杂志，2007，36（2）：25-29
228. Miao QF，Liu XY，Shang BY，Ouyang ZG，Zhen YS. An enediyne energized single-domain antibody-containing fusion protein shows potent antitumor activity.

Anti-Cancer Drugs, 2007, 18 (2): 127-137
229. 苗庆芳，尚伯杨，欧阳志钢，刘小云，甄永苏. 单域抗体与力达霉素的基因工程融合蛋白 VL-LDP-AE 的制备及其抗肿瘤作用. 中国科学 C 辑，2007，37（2）：143-151
230. 刘秀均，欧阳志钢，戴垚，刘小云，甄永苏. 平阳霉素与抗Ⅳ型胶原酶单抗 3G11 联合使用的抗肿瘤作用. 中华肿瘤防治杂志，2007，14（3）：177-180
231. Liu M, Wang X, Yin C, Zhang Z, Lin Q, Zhen Y, Huang H. Targeting TNF-alpha with a tetravalent mini-antibody TNF-TeAb. Biochem J, 2007, 406 (2): 237-246.
232. 甄永苏. 抗体药物与肿瘤靶向治疗. 医学研究杂志，2007，36（2）：1-2
233. 李毅，陈淑珍，甄永苏. 六种抗肿瘤药物影响小鼠精子生成过程的定量组织学比较. 中国药理学与毒理学杂志，2007，21（1）：34-38
234. Gao RJ, Liang YX, Li DD, Zhang HY, Zhen YS. Effect of lidamycin on telomerase activity in human hepatoma BEL-7402 cells. Biomedical and Environmental Sciences, 2007, 20 (3): 189-197
235. Chen J, Ouyang ZG, Zhang SH, Zhen YS. Down-regulation of the nuclear factor-kapaB by lidamycin in association with inducing apoptosis in human pancreatic cancer cells and inhibiting xenograft growth. Oncol Rep, 2007, 17 (6): 1445-1451
236. 林雅军，黄云虹，甄永占，刘秀均，甄永苏. 赖氨大黄酸通过抑制 HER-2 信号通路诱导乳腺癌细胞凋亡. 药学学报，2008，43（11）：1099-1105
237. 苗庆芳，尚伯杨，甄永苏. 抗Ⅳ型胶原酶单链抗体 scFv（3G11）联合顺铂的抗肿瘤活性. 医学研究杂志，2008，37（3）：19-22
238. 蔡琳，郭致忠，高瑞娟，李亮，甄永苏. 抗Ⅳ型胶原酶抗体 Fv 片段与力达霉素融合蛋白的免疫活性. 医学研究杂志，2008，37（11）：35-39
239. Chen J, Wu SY, Ouyang ZG, Zhen YS. Synergy of gemcitabine and lidamycin associated with NF-κB downregulation in pancreatic carcinoma cells. Acta Pharmacol Sin, 2008, 29 (5): 614-619
240. 张胜华，陈静，江敏，甄永苏. 力达霉素诱导人胃癌 BGC823 细胞凋亡和

抑制裸鼠移植瘤生长. 药学学报，2008，43（6）：601-604

241. Shao R，Zhen YS. Enediyne anticancer antibiotic lidamycin：chemistry，biology and pharmacology. Anti-Cancer Agents in Medicinal Chemistry，2008，8（2）：123-131

242. 甄永苏. 抗肿瘤药物研发的机遇与挑战. 科技导报，2008，26（19）：3

243. 李兴起，欧阳志钢，张胜华，甄永苏. 力达霉素抗胶质瘤细胞增殖及血管生成体外体内研究. 第五届中国肿瘤学术大会 教育集（石家庄，2008），715-721

244. Lin YJ，Zhen YS. Rhein lysinate suppresses the growth of breast cancer cells and potentiates the inhibitory effect of Taxol in athymic mice. Anti-Cancer Drugs，2009，20（1）：65-72

245. Lin YJ，Zhen YZ，Zhen YS. Rhein lysinate suppresses the growth of tumor cells and increases the anti-tumor activity of taxol in mice. Am J Chin Med，2009，37（5）：923-931

246. 盛唯瑾，苗庆芳，甄永苏. 抗表皮生长因子受体噬菌体库的构建筛选及单链抗体可溶性表达. 药学学报，2009，44（6）：597-602

247. 郭晓芳，钟根深，苗庆芳，甄永苏. 靶向表皮生长因子受体的寡肽与力达霉素强化融合蛋白的构建及其抗肿瘤活性. 癌症，2009，28（6）：561-568

248. Cai L，Chen HX，Miao QF，Wu SY，Shang Y，Zhen YS. Binding capability of the enediyne-associated apoprotein to human tumors and constitution of a ligand oligopeptide-integrated protein. J Biotechnol，2009，144（2）：142-150

249. 甄永苏. 抗体药物靶向治疗肿瘤前景广阔. 中华医学杂志，2009，89（25）：1729-1731

250. 师以康，张胜华，黄云虹，邵荣光，甄永苏. 乳腺癌细胞的 HER2 过表达降低其对紫杉醇的药物敏感性. 中国药理学通报，2009，25（4）：444-447

251. 赖日阳，苗庆芳，李毅，甄永苏. 抗Ⅳ型胶原酶单链抗体对博莱霉素诱导小鼠肺纤维化的防治作用. 中华医学杂志，2009，89（20）：1411-1415

252. Liu H，Li L，Li XQ，Liu XJ，Zhen YS. Enediyne lidamycin enhances the

effect of epidermal growth factor receptor tyrosine kinase inhibitor, gefitinib, in epidermoid carcinoma A431 cells and lung carcinoma H460 cells. Anti-Cancer Drugs, 2009, 20 (1): 41-49

253. 郑艳波，许先栋，黄云虹，甄永苏. 云南霉素-RGD二甲酯偶联物的合成及其抗肿瘤细胞侵袭活性. 中国抗生素杂志，2009，34（2）：82-86

254. Zhen YZ, Lin YJ, Li L, Zhen YS. Lidamycin shows highly potent cytotoxic to myeloma cells and inhibits tumor growth in mice. Acta Pharmacol Sin, 2009, 30 (7): 1025-1032

255. 李兴起，张胜华，欧阳志钢，甄永苏. 力达霉素对神经胶质瘤细胞血管生成拟态的抑制及对细胞凋亡的影响. 中华医学杂志，2009，89（25）：1736-1740

256. Fang H, Zhang SH, Miao QF, Xiong DS, Zhen YS. Lidamycin induces apoptosis of B-cell lymphoma cells and inhibits xenograft growth in nude mice. Clin Oncol Cancer Res, 2009, 6 (3): 203-207

257. Li L, Liu H, Xu XD, Zhen YS. A novel derivative of geldanamycin and its antitumor activity. Chinese Chemical Letters, 2009, 20 (4): 391-392

258. Zhen YZ, Lin YJ, Shang BY, Zhen YS. Enediyne lidamycin induces apoptosis in human multiple myeloma cells through activation of p38 mitogen-activated protein kinase and c-Jun NH2-terminal kinase. Int J Hematol, 2009, 90 (1): 44-51

259. 张文军，赵春燕，范翠敏，王玉凤，李电东，甄永苏，邵荣光. 高效抗肿瘤抗生素新产生菌 *Micromonospora* C3509 发酵优化研究. 中国新药杂志，2009，18（13）：1245-1249

260. 尚伯杨，吴淑英，商悦，李电东，甄永苏. 力达霉素与化疗药物联合的抗肿瘤作用. 中国新药杂志，2009，18（21）：2075-2080

261. 甄永苏，李电东. 抗肿瘤抗生素平阳霉素研究与临床应用40年. 中国抗生素杂志，2009，34（10）：577-580

262. Gong JH, Liu XJ, Shang BY, Chen SZ, Zhen YS. HERG K^+ channel related chemosensitivity to sparfloxacin in colon cancer cells. Oncology Rep, 2010, 23: 1747-1756

263. Guo XF, Zhu XF, Shang Y, Zhang SH, Zhen YS. A bispecific energized fu-

sion protein containing ligand-based and antibody-based oligopeptides against epidermal growth factor receptor and epidermal growth factor 2 shows potent antitumor activity. Clin Cancer Res，2010，16（7）：2085-2094

264. Zhong GS，Zhang SH，Li Y，Liu XJ，Gao RJ，Miao QF，Zhen YS. A tandem scFv-based fusion protein and its enediyne-energized analogue show intensified therapeutic efficacy against lung carcinoma xenograft in athymic mice. Cancer Lett，2010，295（1）：124-133.

265. 高瑞娟，李亮，赵春燕，李电东，甄永苏. 单链抗体与力达霉素基因工程强化融合蛋白 Fv-LDP-AE 的抗肿瘤作用. 中国药学杂志，2010，45（11）：808-813

266. 茹琴，陈红霞，郑艳波，尚伯杨，甄永苏. 基因工程重组力达霉素的制备及抗肿瘤活性. 中国抗生素杂志，2010，35（4）：265-269

267. 蔡琳，高瑞娟，郭效忠，李毅，甄永苏. 力达霉素辅基蛋白与人体乳腺癌结合的组织芯片研究. 药学学报，2010，45（5）：582-588

268. 韩菲菲，吴淑英，甄永苏. 力达霉素诱导卵巢癌细胞凋亡并在体外缺氧条件下降低细胞内 HIF-1a 水平. 医学研究杂志，2010，39（7）：23-25

269. 陈淑珍，甄永苏，邵荣光. 力达霉素抗肿瘤作用及其分子机制研究新进展. 中国抗生素杂志，2010，35（6）：401-407

270. C Xin，S Ye1，Y Ming，Z Shenghua，M Qingfang，G Hongxing，S Xu，X Yuanfu，Z Yuan，F Dongmei，L Juanni，G Yingdai，J Lianfang，S Rongguang，Z Zhenping，W Jianxiang，C Tao，Y Chunzheng，X Dongsheng and Z Yongsu. Efficient inhibition of B-cell lymphoma xenografts with a novel recombinant fusion protein：anti-CD20Fab-LDM. Gene Therapy，2010，17，1234-1243

271. Li XQ，Shang BY，Wang DC，Zhang SH，Wu SY，Zhen TS. Endostar，a modified recombinant human endostatin，exhibits synergistic effects with dexamethasone on angiogenesis and hepatoma growth. Cancer Lett，2011，301：212-220

272. 张胜华，钟根深，何红伟，程昕，甄永苏. 力达霉素抑制人纤维肉瘤肺转移的裸鼠活体成像观察. 药学学报，2011，46（1）：45-49

273. Fang H，Miao QF，Zhang SH，Cheng X，Xiong DS，Zhen YS. Antitumor

effect of an engineered and energized fusion protein consisting of an anti-CD20 scFv fragment and lidamycin. Sci China Life Sci, 2011, 54 (3): 255-262

274. 房虹，苗庆芳，张胜华，程昕，熊冬生，甄永苏. 抗CD20单链抗体与力达霉素强化融合蛋白的制备及其抗肿瘤活性. 中国科学：生命科学，2011，41（1）：22-29

275. 盛唯瑾，尚伯杨，苗庆芳，甄永苏. 抗表皮生长因子受体的单链抗体ER（Fv）的构建及其抗肿瘤活性研究. 中国药学杂志，2011，46（18）：1393-1398

276. 尚伯杨，商悦，甄永苏，陈淑珍. 力达霉素对钾离子通道HERG高表达肿瘤细胞增殖抑制及其与化疗药物的协同作用. 药学学报，2011，46（11）：1321-1325

277. 李莲莲，陈若翰，陈淑珍，甄永苏，古维立，蔡冬青，崔耀隆，李嘉豪. 抗凋亡蛋白BRE、TNFR1和自体吞噬蛋白Beclin1zai在小鼠肝纤维化的表达及Reversine对其的影响. 广东医学，2011，32（15）：1941-1944

278. Zhong GS, Guo XF, Zhang SH, Zhen YS. Optimization of the assembly efficiency for lidamycin chromophore bound to its apoprotein: a case study using orthogonal array. Biomed Environ Sci, 2011, 24 (6): 602-607

279. Sheng W, Shang Y, Miao Q, Li Y, Zhen Y. Antitumor efficacy of the scFv-based fusion protein and its enediyne-energized analogue directed against epidermal growth factor receptor. Anticancer Drugs, 2012, 23 (4): 406-416

280. Zhang Q, Liu XJ, Hu L, Liao DS, Zheng YB, Zhen YS, Song X. Factor Ⅶ light chain-targeted lidamycin targets tissue factor-overexpressing tumor cells for cancer therapy. Int J Mol Med, 2012, 29 (3): 409-415

281. Gong JH, Liu XJ, Li Y, Zhen YS. Pingyangmycin downregulates the expression of EGFR and enhances the effects of cetuximab on esophageal cancer cells and the xenograft in athymic mice. Cancer Chemother Pharmacol, 2012, 69 (5): 1323-32

282. Zhong GS, Wu MN, Guo XF, Zhang SH, Miao QF, Zhen YS. Antitumor activities of dFv-LDP-AE: An enediyne-energized fusion protein targeting tumor-associated antigen gelatinases. Oncol Rep, 2012, 28 (4): 1193-1199

283. 郑艳波，弓建华，李毅，甄永苏. 乌苯美司抑制肿瘤细胞侵袭与诱导凋亡的研究. 药学学报，2012，47（12）：1593-1598

284. 苗庆芳，邵荣光，甄永苏. 抗肿瘤抗体药物研究进展. 药学学报，2012，47（10）：1261-1268

285. Zheng YB，Shang BY，Li Y，Zhen YS. An NGR-integrated and enediyne-energized apoprotein shows CD13-targeting antitumor activity. Biomed Pharmacother，2013，67（2）：164-171

286. Zhen YZ，Lin YJ，Liu XJ，Shang BY，Zhen YS. Bortezomid enhances the efficacy of lidamycin against human multiple myeloma cells. Anticancer Drugs，2013，24（6）：609-616

287. Zhong GS，Wu MN，Guo XF，Xu ZS，Zhang SH，Zhen YS. Small antibody fusion proteins with complementarity-determining regions and lidamycin for tumor targeting therapy. Oncol Lett，2013，5（4）：1183-1188

288. 郑艳波，李毅，甄永苏. 小鼠精原干细胞的分离培养及相关标记物检测. 中国医学科学院学报，2013，35（3）：243-248

289. 姜文国，尚伯杨，李毅，甄永苏. 抗血管内皮生长因子受体 1 和 2 双靶向寡肽融合蛋白 A7/G6-力达霉素辅基蛋白的构建及其抗血管生成活性. 中国药学杂志，2013，48（10）：782-787

290. 钟根深，郭晓芳，张胜华，甄永苏. 抗明胶酶单链抗体和力达霉素融合蛋白抗纤维肉瘤 HT-1080 增殖和转移的实验研究. 中国药学杂志，2013，48（10）：872-878

291. 弓建华，郑艳波，李毅，甄永苏. 胶毒素增强内质网应激诱导剂衣霉素的抗肿瘤活性. 中国药学杂志，2013，48（14）：1170-1173

292. 刘文娟，刘秀均，甄永苏. 促吞噬肽 tuftsin 增强丝裂霉素和力达霉素的抗肿瘤活性. 医学研究杂志，2013，42（5）：26-30

293. 陈淑珍，甄永苏. 茶多酚的分子作用靶点及其在抗肿瘤药物实验治疗中的作用. 药学学报，2013，48（1）：1-7

294. Hu L，Zhang SH，Shao RG，Zhen YS. Lidamycin inhibits tumor growth and pulmonary metastasis in murine breast carcinoma and shows synergy with paclitaxel. Chin Sci Bull，2013，58（23）：2805-2811

295. Jiang WG，Lu XA，Shang BY，Fu Y，Zhang SH，Zhou D，Li L，Li Y，Luo

Y, Zhen YS. Genetically engineered endostatin-lidamycin fusion proteins effectively inhibit tumor growth and metastasis. BMC Cancer, 2013, 13 (1): 479

296. 甄永苏. 抗肿瘤抗生素与相关抗体药物研究进展（特邀报告）. 第十二届全国抗生素学术会议，成都，2013

297. 高瑞娟，赵春燕，李电东，甄永苏. 单链抗体与力达霉素辅基蛋白融合蛋白制备过程的优化. 药学学报，2013，48（10）：1563-1569

298. 陈淑珍，甄永苏. 茶氨酸的药理学作用及机制. 医学研究杂志，2013，42（11）：17-20

299. 李良，刘红，张胜华，胡磊，甄永苏. 肉桂酰胺格尔德霉素的体内外抗肿瘤活性. 药学学报，2013，48（12）：1771-1777

300. 张砚君，李双静，姜琳琳，刘荣，高雪，袁向飞，齐怀丰，范冬梅，苗庆芳，甄永苏，熊冬生. IL-3-LDM 融合蛋白对 CD123+白血病细胞的靶向杀伤作用. 中国肿瘤生物治疗杂志，2013，20（4）：391-397

301. 张砚君，刘荣，张梦楠，苗庆芳，甄永苏，熊冬生，张益芝. IL3 融合蛋白稳定性分析、改造及活性研究. 中国生物工程杂志，2013，33（3）：117-122

302. 商悦，李毅，陈淑珍，甄永苏. 茶多酚 EGCG 对小鼠棕色脂肪代谢的影响. 科技导报，2014，32（11）：21-25

303. Qin Y, Liu XJ, Li L, Liu XJ, Li Y, Gao RJ, Shao RG, Zhen YS. MMP-2/9-oriented combinations enhance antitumor efficacy of EGFR/HER2-targeting fusion proteins and gemcitabine. Oncol Rep, 2014, 32 (1): 121-130

304. Guo XF, Zhu XF, Yang WC, Zhang SH, Zhen YS. An EGFR/HER2-Bispecific and enediyne-energized fusion protein shows high efficacy against esophageal cancer. PLoS One, 2014, 9 (3): e92986. doi: 10. 1371/journal. pone. 0092986.

305. Li B, Zheng YB, Li DD, Zhen YS. Preparation and evaluation of a CD13/APN-targeting and hydrolase-resistant conjugate that comprises pingyangmycin and NGR motif-integrated apoprotein. J Pharm Sci, 2014, 103 (4): 1204-1213

306. Li XQ, Ouyang ZG, Zhang SH, Liu H, Shang Y, Li Y, Zhen YS. Synergistic inhibition of angiogenesis and glioma cell-induced angiogenesis by the

combination of temozolomide and enediyne antibiotic lidamycin. Cancer Biol Ther, 2014, 15（4）：398-408

307. Li XQ, Ouyang ZG, Zhang SH, Liu H, Shang Y, Li Y, Zhen YS. Synergy of enediyne antibiotic lidamycin and temozolomide in suppressing glioma growth with potentiated apoptosis induction. J Neurooncol, 2014, 119：91-100

308. Sheng W, Shang Y, Li L, Zhen Y. An EGFR/CD13 bispecific fusion protein and its enediyne-energized analog show potent antitumor activity. Anticancer Drugs, 2014, 25（1）：82-91

309. Li B, Liu XJ, Li L, Zhang SH, Li Y, Li DD, Zhen YS. A tumor-targeting dextran-apoprotein conjugate integrated with enediyne chromophore shows highly potent antitumor efficacy. Polym Chem, 2014, 5：5680-5688

310. Han FF, Li L, Shang BY, Shao RG, Zhen YS. Hsp90 inhibitor geldanamycin enhances the antitumor efficacy of enediyne lidamycin in association with reduced DNA damage repair. Asian Pac J Cancer Prev, 2014, 15：7043-7048

311. Liu WJ, Liu XJ, Li L, Li Y, Zhang SH, Zhen YS. Tuftsin-based, EGFR-targeting fusion protein and its enediyne-energized analog show high antitumor efficacy associated with CD47 down-regulation. Cancer Immunol Immunother, 2014, 63：1261-1272

312. Liu XJ, Zheng YB, Li Y, Wu SY, Zhen YS. A multifunctional drug combination shows highly potent therapeutic efficacy against human cancer xenografts in athymic mice. PLoS ONE,（2014）, 9（12）：e115790

313. 高瑞娟，尚伯杨，盛唯瑾，赵春燕，李电东，甄永苏. 抗明胶酶单链抗体与力达霉素融合蛋白抗肿瘤作用机制及疗效研究. 中国医药生物技术，2014，9（4）：250-259

314. 盛唯瑾，高瑞娟，甄永苏. EGFR 单链抗体-力达霉素融合蛋白抑制人乳腺癌 MCF-7 细胞增殖与侵袭研究. 医学研究杂志，2014，43（6）：25-30

315. 秦烨，刘秀均，李良，刘旭杰，甄永苏. 靶向 EGFR/HER-2 的双特异性融合蛋白 Ec-LDP-Hr 及其烯二炔强化融合蛋白 Ec-LDP-Hr-AE 的抗结肠癌活性. 医学研究杂志，2014，43（8）：27-32

316. 李良，韩菲菲，甄永苏. 肉桂酰胺格尔德霉素增强肿瘤细胞对力达霉素敏感性的研究. 医学研究杂志，2014，43（11）：16-20

317. 盛唯瑾，商悦，甄永苏. 整合 NGR 肽抗 EGFR 单链抗体制备及其抗肿瘤活性研究. 中华肿瘤防治杂志，2014，21（13）：969-973

318. 李斌，郑艳波，李良，甄永苏. 基于抗体和配体的肿瘤靶向肽药物研究进展. 中国医药生物技术，2014，9（4）：294-299

319. Xu J，Liu XJ，Li L，Zhang SH，Li Y，Gao RJ，Zhen YS. An engineered TIMP2-based and enediyne-integrated fusion protein for targeting MMP-14 shows potent antitumor efficacy. Oncotarget，2015，6（28）：26322-26334

320. Chen Y，Yu D，Zhang C，Shang B，He H，Chen J，Zhang H，Zhao W，Wang Z，Xu X，Zhen Y，Shao RG. Lidamycin inhibits tumor initiating cells of hepatocellular carcinoma Huh7 through GSK3β/β catenin pathway. Mol Carcinog，2015，54（1）：1-8

321. Zhang Y，Liu R，Fan D，Shi R，Yang M，Miao Q，Deng ZQ，Qian J，Zhen Y，Xiong D，Wang J. The novel structure make LDM effectively remove CD123+ AML stem cells in combination with interleukin 3. Cancer Biol Ther，2015，16（10）：1514-25

322. Li L，Shang B，Hu L，Shao R，Zhen Y. Site-specific PEGylation of lidamycin and its antitumor activity. Acta Pharm Sin B，2015，5（3）：264-269

323. 姜文国，李毅，张胜华，甄永苏. 内皮抑素-力达霉素辅基蛋白融合蛋白对乳腺癌、胰腺癌和食管癌的靶向性研究. 现代药物与临床，2015，30（8）：917-920

324. Zheng YB，Gong JH，Liu XJ，Wu SY，Li Y，Xu XD，Shang BY，Zhou JM，Zhu ZL，Si SY，Zhen YS. A Novel Nitrobenzoate Microtubule Inhibitor that Overcomes Multidrug Resistance Exhibits Antitumor Activity. Sci Rep，2016，6：31472.

325. Sha MQ，Zhao XL，Li L，Li LH，Li Y，Dong TG，Niu WX，Jia LJ，Shao RG，Zhen YS，Wang Z. EZH2 mediates lidamycin-induced cellular senescence through regulating p21 expression in human colon cancer cells. Cell Death Dis，2016，7（11）：e2486

326. Jiang L，Yang M，Zhang X，Bao S，Ma L，Fan D，Zhou Y，Xiong D，Zhen Y. A novel antibody-drug conjugate anti-CD19（Fab）-LDM in the treatment of B-cell non-Hodgkin lymphoma xenografts with enhanced anticancer activity. J

Drug Target, 2016, 24 (1): 47-57

327. Du Y, Shang BY, Sheng WJ, Zhang SH, Li Y, Miao QF, Zhen YS. A recombinantly tailored β-defensin that displays intensive macropinocytosis-mediated uptake exerting potent efficacy against K-Ras mutant pancreatic cancer. Oncotarget, 2016, 7 (36): 58418-58434

328. Zhu BY, Shang BY, Li Y, Zhen YS. Inhibition of histone deacetylases by trans-cinnamic acid and its antitumor effect against colon cancer xenografts in athymic mice. Mol Med Rep, 2016, 13: 4159-4166

329. Jiang W, Shang B, Li L, Zhang S, Zhen Y. Construction of a genetically engineered chimeric apoprotein consisting of sequences derived from lidamycin and neocarzinostatin. Anticancer Drugs, 2016, 27 (1): 24-28

330. 郭晓芳，朱小飞，曹海英，钟根深，甄永苏. 力达霉素-胰岛素样生长因子1融合蛋白的构建及其抗非小细胞肺癌活性研究. 中国药学杂志，2016，51（12）：985-993.

331. Zhu BY, Shang BY, Du Y, Li Y, Li L, Xu XD, Zhen YS. A new HDAC inhibitor cinnamoylphenazine shows antitumor activity in association with intensive macropinocytosis. Oncotarget, 2017 Feb 28; 8 (9): 14748-14758

332. Guo XF, Zhu XF, Cao HY, Zhong GS, Li L, Deng BG, Chen P, Wang PZ, Miao QF, Zhen YS. A bispecific enediyne-energized fusion protein targeting both epidermal growth factor receptor and insulin-like growth factor 1 receptor showing enhanced antitumor efficacy against non-small cell lung cancer. Oncotarget. 2017, 8 (16): 27286-27299

333. Zheng YB, Gong JH, Liu XJ, Li Y, Zhen YS. A CD13-targeting peptide integrated protein inhibits human liver cancer growth by killing cancer stem cells and suppressing angiogenesis. Mol Carcinog, 2017, 56 (5): 1395-1404

334. Liu XJ, Li L, Liu XJ, Li Y, Zhao CY, Wang RQ, Zhen YS. Mithramycin-loaded mPEG-PLGA nanoparticles exert potent antitumor efficacy against pancreatic carcinoma. Int J Nanomedicine, 2017, 12: 5255-5269.

335. Xu J, Du Y, Liu XJ, Zhu BY, Zhang SH, Li L, Li Y, Wang XF, Shan CK, Wang RQ, Zhen YS. Recombinant EGFR/MMP-2 bi-targeted fusion protein markedly binding to non-small-cell lung carcinoma and exerting potent

therapeutic efficacy. Pharmacol Res, 2017, 126：66-76

336. Sheng W, Gong J, Jiang M, Zhen Y. The recombinant EGFR/CD13 bi-targeted fusion protein induces apoptosis and blocks tube formation. Oncol Rep, 2017, 38 (6)：3507-3514

337. Cao HY, Guo XF, Zhu XF, Li SS, Zhen YS. A ligand-based and enediyne-energized bispecific fusion protein targeting epidermal growth factor receptor and insulin-like growth factor-1 receptor shows potent antitumor efficacy against esophageal cancer. Oncol Rep, 2017, 37 (6)：3329-3340

338. 陈淑珍，甄永苏. 新型微生物来源的针对不同靶点的抗肿瘤药物研究进展. 药学学报，2018，53 (6)：833-838

339. Xu J, Du Y, Liu WJ, Li L, Li Y, Wang XF, Yi HF, Shan CK, Xia GM, Liu XJ, Zhen YS. Intensive fibrosarcoma-binding capability of the reconstituted analog and its antitumor activity. Drug Deliv, 2018; 25 (1)：102-111

340. Gong J, Zheng Y, Wang Y, Sheng W, Li Y, Liu X, Si S, Shao R, Zhen Y. A new compound of thiophenylated pyridazinone IMB5043 showing potent antitumor efficacy through ATM-Chk2 pathway. PLoS One, 2018 Feb 2; 13 (2)：e0191984

341. Wang R, Li L, Zhang S, Li Y, Wang X, Miao Q, Zhen Y. A novel enediyne-integrated antibody-drug conjugate shows promising antitumor efficacy against CD30+ lymphomas. Mol Oncol, 2018, 12 (3)：339-355

342. Zhong G, Xu Z, Yang R, Zhang S, Li L, Wu M, Liu H, Zhen Y. An arginine-rich cell penetrating peptide contained anti-gelatinase scFv-LDM fusion protein shows potent antitumor efficacy in pancreatic cancer. J Cancer, 2018, 9 (4)：674-682

343. Wang X, Sheng W, Wang Y, Li L, Li Y, Zhang S, Liu X, Chen S, Zhen Y. A Macropinocytosis-intensifying albumin domain-based scFv antibody and its conjugate directed against K-Ras mutant pancreatic cancer. Mol Pharm. 2018, 15 (6)：2403-2412

344. Liu WJ, Liu XJ, Xu J, Li L, Li Y, Zhang SH, Wang JL, Miao QF, Zhen YS. EGFR-targeting, β-defensin-tailored fusion protein exhibits high therapeutic efficacy against EGFR-expressed human carcinoma via mitochondri-

a-mediated apoptosis. Acta Pharmacol Sin, 2018 Jul 16. doi: 10. 1038/ s41401-018-0069-8 [Epub ahead of print]

345. Li L, Hu L, Zhao C, Zhang SH, Wang R, Li Y, Shao RG, Zhen Y. The recombinant and reconstituted novel albumin-lidamycin conjugate shows lasting tumor imaging and intensively enhanced therapeutic efficacy. Bioconjug Chem, 2018 Aug 14. doi: 10. 1021/acs. bioconjchem. 8b00456 [Epub ahead of print]

附录3 甄永苏学术编著目录

主编专著

1. Yong-su Zhen（Editor）. Tea：Bioactivity and Therapeutic Potential. Taylor & Francis，London and New York，2002
2. 甄永苏，邵荣光（主编）. 抗体工程药物（现代生物技术制药丛书）. 北京：化学工业出版社，2002.
3. 甄永苏（主编）. 抗肿瘤药物研究与开发. 北京：化学工业出版社，2004.
4. 邵荣光，甄永苏（主编）. 抗体药物研究与应用（生物药物研究与应用丛书）. 北京：人民卫生出版社，2013
5. 陈宗懋，甄永苏（主编）. 茶叶的保健功能（农业重大科学研究成果专著）. 北京：科学出版社，2014
6. 甄永苏（主编）.《甄永苏院士集》（中国医学院士文库）. 北京：人民军医出版社，2014

丛书主编

1. 甄永苏（编委会主任）：. 现代生物技术制药丛书（共10卷）. 北京：化学工业出版社，2002.
2. 甄永苏，赵铠（总主编）：. 生物药物研究与应用丛书. 北京：人民卫生出版社，2013.
3. 甄永苏（药学总主编）：《中华医学百科全书》（药学类共10卷）. 北京：中国协和医科大学出版社，2010.

学术刊物编委

1.《中国医学科学院学报》副主编（2004~ ）

2. Chinese Medical Science Journal 副主编（2004~ ）

3. Clinical Oncology and Cancer Research 副主编（2005~2012）

4.《中国科学技术前沿》（中国工程院）编委会委员（2006~2010）

5.《中国抗生素杂志》编委会主任编委（2007~2011）

6.《中国药学杂志》副主编（2010~ ）

参与编写专著

1. 甄永苏. 单克隆抗体作为药物的载体. //顾方舟主编. 淋巴细胞杂交瘤技术的应用. 北京：人民卫生出版社，1985，135-146.
2. 甄永苏. 抗肿瘤抗生素. //孙燕主编. 肿瘤化学治疗新进展. 济南：山东科学技术出版社，1987，139-144.
3. 甄永苏. 抗癌抗生素. //中国医学百科全书：药物学与药理学. 上海：上海科学技术出版社，1988，263-264.
4. 甄永苏. 阿霉素. //中国医学百科全书：药物学与药理学. 上海：上海科学技术出版社，1988，266-267.
5. 甄永苏. 免疫药理. //金荫昌（主编）. 分子药理学. 天津：天津科学技术出版社，1990，825-846.
6. 甄永苏. 肿瘤的导向治疗. //韩锐主编. 肿瘤化学预防及药物治疗. 北京：北京医科大学中国协和医科大学联合出版社，1991，141-148
7. 甄永苏. 抗肿瘤抗生素. //韩锐主编. 肿瘤化学预防及药物治疗. 北京；北京医科大学中国协和医科大学联合出版社，1991，266-272
8. 甄永苏. 肿瘤的导向治疗. //宋振玉，刘耕陶主编. 当代药理学. 北京：北京医科大学中国协和医科大学联合出版社，1994，145-150.
9. 甄永苏. 免疫药理及免疫调节剂. //张德昌主编. 医学药理学. 北京：北京医科大学中国协和医科大学联合出版社，1998，814-826.

10. 甄永苏. 抗肿瘤单克隆抗体治疗剂的研究. //中国医药五十年. 北京：新华出版社，1999，249-252.
11. 甄永苏. 单克隆抗体药物治疗肿瘤的研究进展. //胥彬，许建华主编. 抗癌药物与肿瘤化学治疗进展. 北京：科学出版社，2001，7-13
12. 邵荣光，甄永苏. 抗肿瘤抗生素的药理. //韩锐，孙燕主编. 新世纪癌的化学预防与药物治疗. 北京：人民军医出版社，2005，107-115
13. 甄永苏. 抗体药物与肿瘤靶向治疗. //刘耕陶主编. 当代药理学（第二版）. 北京：中国协和医科大学出版社，2008，282-288.
14. 甄永苏. 科技创新的认识与实践. //周济主编. 科技创新院士谈（上）. 北京：科学出版社，2001，176-180
15. 甄永苏. 我的科研历程. //中国工程院学部工作局编. 中国工程院院士自述（第二卷）. 北京：高等教育出版社，2008，632-637